अधूरी उपासना
हमारे सफ़र की यादें

सूरज कुमार "प्रौढ़ कलम"

ISBN 979-888521960-0

ये

पुस्तक

मेरे इश्वर तुल्य माता-पिता सहित मेरे उत्साह को दर्शाती मेरे उम्र को,
बंधु-बांधव को,मेरे घनिष्ट मित्र

अजय

एवं

शिवम

को और महत्वपूर्ण रूप से मेरा उत्साह बढ़ाने और सहयोग देने वाली
मेरी एकमात्र महिलामित्र

"उपासना कुमारी"

को समर्पित करता हूँ

(हर वो जीव -निर्जीव का और मेरे अनुभवों का अंतर्मन से धन्यवाद)

क्रम-सूची

प्रस्तावना — xi

1. कम भी हो तो — 1
2. एक समय के बाद — 2
3. होठों पर मुस्कान सजाए — 3
4. तुम्हारी नजरें — 4
5. कैसी भी रात हो — 5
6. तुम उस किताब की तरह हो — 6
7. कम पड़ जाता है — 7
8. किसी का नाम — 8
9. कभी नहीं होगा — 9
10. मेरा सफ़र अधूरा है — 10
11. फूल खिले मन आँगन में — 11
12. हम दोनों के बीच का पुल — 12
13. साथ का उपहार — 14
14. साथ — 15
15. किताब में ख़त — 16
16. मेरी जान — 17
17. तेरे संग — 18
18. शर्म और आंसू — 19
19. गुण अनंत — 20
20. "मैं हूँ ना" — 21
21. जब भी मिलना — 22
22. कॉलेज की छुट्टियाँ — 23
23. वजूद — 24

क्रम-सूची

24. सबसे पहले — 25

25. ग़म-ए-मशहूर — 26

26. सिर्फ तुम्हारा — 27

27. इबादत — 28

28. दिल की सदा — 29

29. जुदाई का एहसास — 30

30. अधूरा — 31

31. ख़ुशी का बयां — 32

32. निशानी — 33

33. मजा — 34

34. आग बुझने मत देना — 35

35. खुद की पहचान — 36

36. मन में एक उत्साह रहे — 37

37. अनुसरण — 38

38. दूसरों के लिए — 39

39. इसलिए मौन हूँ — 40

40. सुविधाओं का त्याग — 41

41. विद्यार्थी का चिंतन — 42

42. कलम और जज्बात — 43

43. बलात्कार — 44

44. शाम उतर आयी है दिल में — 45

45. "समय" — 46

46. लक्ष्य — 47

47. इश्क़ और दोस्ती — 48

क्रम-सूची

48. शहर-गांव ... 49

49. उर्दू का महत्त्व ... 50

50. समय मुट्ठी में कब आया ... 51

51. गुमनाम के नाम पैगाम ... 52

52. कुछ नजर नहीं आता ... 53

53. महफ़िल में कमी ... 54

54. एक गलत फ़ैसला ... 55

55. पल में हुआ सब फ़ना ... 56

56. अगर इक चाय मिल जाए ... 57

57. हम सब एक सिनेमा है ... 58

58. स्वर्ग का रास्ता ... 59

59. तुलसी-एक औरत ... 60

60. साधारण होना बड़ी बात है ... 61

61. सही राह ... 62

62. कैसे हो सकता है ... 63

63. न रोके कोई ... 64

64. जो कहा है सुना जाएगा ... 65

65. गुब्बारे सा दिल ... 66

66. रात सोचते गुज़रेगी ... 67

67. फ़ैसला कर लीजिए ... 68

68. दूर की दोस्ती ... 69

69. बेड़ियाँ तोड़ दो ... 70

70. गुमशुदा है कौन मुझमें ... 71

71. बदल देना है मुझको ... 72

क्रम-सूची

72. वो जिनसे हम मिल ना सके 73

73. बीते साल में 74

74. तुम बहुत याद आओगे 75

75. वादा है ख़ुद से 76

76. मेरा गाँव, शहर नहीं होना चाहिए 77

77. मन की भावना 78

78. देर लगती है मगर 79

79. नए सिरे से शुरू करें 80

80. दूर-दूर तक 81

81. सोचिए भी समझिए भी 82

82. देखा देखी 83

83. पलक झपकते 84

84. झरोखा खुल जाता है 85

85. सब्र से काम लो 86

86. उर्दू और हिंदी 87

87. बात 88

88. मिसाल 89

89. मेरा परिचय 90

90. कविताओं का निर्माण 91

91. दंगे का असर 92

92. यही लम्हा है 93

93. स्त्री 94

94. बदलता स्वाभाव 95

95. मंजिल का सफ़र 96

क्रम-सूची

96. अब तो थम जा — 97

97. हिन्दी की बिंदी — 98

98. किसपे अकड़ू मैं? — 99

99. उदास दिल — 101

100. तो क्या किया जाए? — 102

101. समझ — 103

102. आओ हम बिछड़ जाए — 104

103. रिश्तों का ख्याल — 105

104. नसीब — 106

105. हमें अंदाजा नहीं था — 107

106. तन्हाई ने करवट ली है — 108

107. वफ़ादार दोस्त — 109

108. यादें और साथ — 110

109. समझ नहीं पाते है — 111

110. कुछ याद भी है? — 112

111. इस भीड़ में — 113

112. जुस्तजू थी तेरे चाहत की — 114

113. किस ध्यान में डूबे रहते हो — 115

114. बदलाव — 116

115. खाली — 118

116. इश्क की राय — 119

117. तेरा ढंग — 120

118. हालत मेरी — 121

119. इश्क़-हवस — 122

क्रम-सूची

120. दर्द — 123

121. नाकामी — 124

122. डगमगाते कदम — 125

123. ग़ज़ल मशहूर — 126

124. ठोकरें — 127

125. दिल उदास — 128

126. चंद चुनिन्दा शेर — 129

प्रस्तावना

ग़म-ए-हालात में हम अक्सर कलम उठाते रहे
अपने दिल-ए-हाल पन्नों को सुनाते रहे
कौन तवज्जों देता मेरे ज़ज्बात रूपी शब्दों को
हम खुद ही को अपने किस्से लिखते और सुनाते रहे

कविता लिखना कहीं न कहीं मेरी तन्हाई मिटाने का एक सबसे सुखद तरीका रहा है। बचपन से ही घर में अकेला रहा और किताबों से ही यारी रही, कवितायें,कहानियां,कॉमिक्स पढ़ते हुए बचपन के दिन बीते। उम्र बीतने के साथ-साथ हिंदी साहित्य की तरफ मेरा रुझान और बढ़ता गया। छठी कक्षा में मेरे हिंदी के अध्यापक का मेरे ऊपर काफी प्रभाव पड़ा। घर में अकेलापन काटने के लिए बच्चों का टीवी से बढ़के और दूजा कोई मनोरंजन मेरे बचपन के समकालीन नहीं था। तभी मैंने कुछ मुशायरों का कार्यक्रम देखा परिणामस्वरूप शायरी एवं ग़ज़ल से और अधिक लगाव हो गया।

छठी कक्षा में ही मैंने अपनी प्रथम कविता लिखं डाली, फिर कक्षा आठवीं में पुनः कलम चली। उसके बाद से जैसे कलम थम-सी गयी। जब मैंने अपनी विद्यालय की बारहवीं पास की और कॉलेज में दाखिल हुआ तो पुनः लिखने का मन हुआ उसका कारण था प्रेम, प्रोत्साहन एवं माहौल। जैसे ही द्वितीय वर्ष में प्रवेश किया मैंने कविता लिखने की गति को बढ़ा दिया और ३१ दिसम्बर, २०१९ को अपने कुछ मित्रों के सहायता से एक पुस्तक प्रकाशित करवाई। इससे मेरा हौसला बढ़ा और मैं लगातार लिखता रहा और स्वयं एक इ-पुस्तक को इन्टरनेट पर प्रकाशित किया। अब ये मेरा तीसरा प्रयास अपने आंतरिक भावों को साझा करने काव्य रूप में है और भविष्य में कथा साहित्य पर अग्रसर हूँ।

पाठकों को मैं अपने मन के भावों से इसलिए भी रू-ब-रू करवाना चाहता हूँ क्योंकि ये मन के भाव कहीं न कहीं उनके भी दर्शाते है। ज़िन्दगी के हमारे अनुभव लगभग एक से है और इसमें मेरा प्रयास पाठकों के

जीवन से जुड़ने का और उनको ये एहसास कराने का है की वे किसी भी स्थिति में अकेले नहीं है ये लेखक बड़ा उदहारण है।

मेरे कल्पना के सागर में जो सबसे बड़ा प्रभाव और झलक आपको देखने को मिलेगी वो स्वर्गीय हरिवंशराय बच्चन एवं वर्तमान के महान सभी शायरों की होगी हालाँकि मेरा खुद का जो रंग है उसकी छाप पड़ेगी ही। इश्वर और समस्त सहयोग करने वालो, निंदा करने वालों और परिस्तिथियों को तहे दिल से धन्यवाद। शुभकामनाएं।

सूरज कुमार "प्रौढ़ कलम"

1. कम भी हो तो

बहुत ग़म है जीवन में मेरे
तुम अपना ग़म भी दे दो
मुस्कराहट देना अच्छा है,भले ही खुद के पास खुशी
कम भी हो तो
कुछ जरूरतें मैं पूरी कर सकता हूं तुम्हारी
कुछ जिम्मेदारी का भार मेरे कंधे कर दो
यूँ साथ निभाना अच्छा है, भले ही पैसों की ताकत
कम भी हो तो
आओ जीवन-संगिनी बन जाओ
अबसे मेरे हाथ में तुम, अपना हाथ धर दो
जिंदगी साथ बिताएंगे हम, भले ही जीवन के क्षण
कम भी हो तो

2. एक समय के बाद

ख़ता हुयी ग़र कभी जो मुझसे
माफ़ी मैं माँगूँगा फिर तुमसे
खफ़ा होना पल भर को,पर ज्यादा न होना नाराज
मुझे पता है तुम मान जाओगी और करोगी सम्वाद
एक समय के बाद
थोड़ा-सा छेड़खानी करूंगा,
हँसी-मज़ाक भी जारी रखूँगा
झूठ-मूठ का तुम उंगली में दर्द बताना
मैं चूम लूँगा तुम्हारे हाथ
एक समय के बाद
जब हम होंगे संग, किसी बरस को
होंगे किसी कुर्सी पर बैठे साथ;
कर रहेंगे होंगे कुछ पुरानी बात
फिर नोकझोंक की शुरुआत करेंगे;
और जवानी के दिन करेंगे याद
एक समय के बाद

3. होठों पर मुस्कान सजाए

जब भी तुमको आवाज लगाए

तुम आ जाना बाहें फैलाए

इश्क तुम्हें मुझसे है, मुझे तुमसे है

दोनों इक-दूजे की आंखों में डूब जाए

होठों पर मुस्कान सजाए

मैं तो हूं सिर्फ तुम्हारा

तू भी तो मेरी ही कहलाए

दुनिया देखे हम दोनों को छिप-छिप के

चलों खुलकर इज़हार जताए

होठों पर मुस्कान सजाए

खुशी बाँटे हम कविता लिख के

सब को मिलके प्यार सिखाए

प्यार के सभी मिसालों में

हम खुदको सबसे अच्छी मिसाल बनाए

होठों पर मुस्कान सजाए

4. तुम्हारी नजरें

तुम्हारी निगाह से जो निगाह मेरी टकरा गई

मत पूछो फिर मेरी जान, आफ़त में आ गई

एक तीर-सा निकला था तेरे नजरों से

पता नहीं निगाह से कैसे मेरे जिगर में समा गई

मेरे आँखों से जो कुछ सवाल किए थे तुमने

वो सारे सवालों के जवाब आंखों से ही तुम पा गई

पर जब हमने चाहा तुमसे नज़रे मिलाना

तेरी आंखों में ना जाने, कहाँ से एक हया-सी आ गई

और फिर दुबारा उठी नजरे, तो गलती से टकरा गई

और निगाहों के टकराने से, तुम पूरी तरह शरमा गई

बहुत कुछ कहना चाहते थे जुबान से हम

तुम उससे पहले ही घबरा गई

जब मैं खफ़ा होकर जाने लगा तुमसे

हाथ पकड़ मेरा पीछे से ही, तुम सीने से लगा गई!

5. कैसी भी रात हो

साथ ना हो तुम अगर

तन्हा-सा ये सफर लगे

दिन भर चैन ना पाऊँ मैं

रात ना काट पाऊँ मैं

जिस दिन तुमसे ना बात हो, फिर चाहे

कैसी भी रात हो

मिलने को आतुर रहूं मैं हर दम

फिर चाहे जैसा भी हो मौसम

गर्मी का तेज धूप

सर्दी की ठंडी हवा

वसंत का चाहे मदहोश हो मौसम

या फिर घनघोर बरसात हो

नहीं आए नींद बिना मिले तुमसे

कैसी भी रात हो

एक दिन मैं-तुम होंगे जब हम

फिर बाँटेंगे एक-दूजे को खुशिया और ग़म

सुबह का सूरज साथ देखेंगे और देखेंगे हर शाम सुनहरी,

और हमेशा मेरे संग, गुजारोगी हर एक दुपहरी

रात का नजारा देखेंगे

फिर चाहे चाँदनी हो या ना हो

कैसी भी रात हो

6. तुम उस किताब की तरह हो

तुम उस किताब की तरह हो
जिसने मुझे प्यार का पहला लफ़्ज़ सिखाया
जिसे पढ़ के मैं सच्ची मोहब्बत क्या है ये जान पाया
ये सूरज को मोहब्बत का अर्थ पता न था कभी
जब तुम्हारे मन के पन्नों से रुबरु हुआ तभी जान पाया
तुम उस किताब की तरह हो
जिसे दिल के दराज में बड़ी हिफाजत से रखता हूँ
हर रोज कुछ पन्ने पलट के कुछ नया पढ़ा करता हूँ
तुम वो किताब हो जिसे पढ़ के
मैं रोज एक नए मुकाम की सीढ़ी पर चढ़ता हूँ
तुम उस किताब की तरह हो
जिसे मैं एक बच्चे की तरह लगाए हूं सीने से
तुम्हीं ने सिखाए मुझे अंदाज सारे जीने के
तुम ना होती तो कैसे मैं जान पाता
खुशी देकर अपने सारे, मजा इश्क़ में आँसू पीने के

7. कम पड़ जाता है

तुमसे मिले थे कुछ देर पहले ही

पल भर की दूरी भारी पड़ जाता है

सच में मेरी जान तुम बिन

इक पल भी रहा नहीं जाता है

और जितना भी बिता लूँ पल साथ तेरे

कम पड़ जाता है

यादों का क्या है आती रहती है हमेशा

पर तुम्हारा खयाल कब मन से हट पाता है?

तुमसे बिछड़े हुए कुछ देर ही हुए

फिर से मिलने का तुरंत मन कर जाता है

कितना भी देखता रहूं मगर

कम पड़ जाता है

तुमसे जब भी मिलता हूँ

दिल खुश हो जाता है

तुम्हारे संग हर त्यौहार, हर मौसम

रंगारंग हो जाता है

तुम्हारे संग ये सात जन्म बिता लूँ फिर भी

कम पड़ जाता है

8. किसी का नाम

एक इंसान अपने जीवन का रुख तब मोड़ता है

जब वो किसी के साथ खुद का दामन जोड़ता है

शादी है इक ऐसा रिश्ता, जिसमें शामिल सब भगवान

सुखद है ये नाता, जिसमें जुड़ता किसी के संग

किसी का नाम

दो परिवारों का सबसे हसीं मिलन है

आमने-सामने दूल्हा और दुल्हन है

घूंघट में है मानो "सीता" तो, घोड़ी पर सवार हो "राम"

गहरा हो रंग मेहंदी का दुआ है मेरी, जिसमें रचा हो

किसी का नाम

शुभ घड़ी से कहीं बड़ी होती है

जब अपने द्वार पे बेटी खड़ी होती है

छोड़ देती है वहाँ की गलियां, और भुला देती है

अपने मायके की सुबह और शाम

जब छप जाता है, शादी के निमंत्रण कार्ड पर उसके नाम के "संग"

किसी का नाम

9. कभी नहीं होगा

मुझे नहीं पता जिंदगी का
आज क्या है, कल क्या हो जाए
आज जो लुटा रही है मोहब्बत दुनिया
शायद कल बेवफ़ा हो जाए
पर खुद पर मुझे ऐतबार है, मुझे सिर्फ तुझसे प्यार है
कभी ना तुझको दूँगा मैं धोखा
और हो जाऊँ मैं भी, दुनिया की तरह बेवफ़ा ऐसा
कभी नहीं होगा

खुशी का मुझे इतना इंतजार नहीं रहता
बस हालातों से लड़ने का हौंसला मुझे चाहिए
खुशी हर पल को बना सकते है हम
बस हर हाल में मुझे साथ तेरा चाहिए
दर्द, तकलीफ, परेशानी सब जिंदगी के हिस्से है
पर सब तकलीफों को हमने अपने हौंसले से रोका
बिना लड़े हम हार मान जाए
ऐसा कभी नहीं होगा

चार दिन की ज़िंदगी में साथ तेरा सबकुछ मेरे लिए
मैं हूँ सदा तेरे लिए और तू है बना मेरे लिए
कुछ रात आती है तकलीफों भरी सब के जीवन में
फिर दर्द मिटाने आता है "सूरज" संग अपने सवेरे लिए
अरे! चुन लो जो खुशियां है बिखरी यहां, यही है मौका
इस जिंदगी के बाद ऐसी सुबह
कभी नहीं होगा

10. मेरा सफ़र अधूरा है

प्रयास अभी जारी है

अभी आयी नहीं मेरी बारी है

मंजिल अभी दूर है

कोशिश पाने की भरपूर है

पर तुम जो साथ में चल दो;

तो ही सफ़र मेरा पूरा है, वर्ना

मेरा सफ़र अधूरा है

राहें कठिन होगी, पहले ही बता दूँ

सफ़र हसीं ही होगा, ये नहीं कहता

पर साथ तुम्हारे कोई भी मुश्किलात

मैं हँस के हूँ, सह सकता

तुम्हारे संग अच्छा सबकुछ सफ़र में;

भले ही कितना भी सबकुछ बुरा है, पर बिन तेरे

मेरा सफ़र अधूरा है

अकेला तो इंसा पैदा होने से पहले भी था

और मरने के बाद भी होगा

ख़ुदा ने जहां में भेजा है, तो उसको थी उम्मीद

कि इंसा के संग, कोई न कोई साथ तो होगा

तू ही तो है साथ मेरे, ख़ुदा की उम्मीद पर खरा उतरा है

साथ छोड़ मेरा, न उतरता खरा, तो फिर

मेरा सफ़र अधूरा है

11. फूल खिले मन आँगन में

जो तुम मुस्करा दो, इक पल
तो तुम भाने लगों मेरे चितवन में
और खुशहाल हो जाए मेरा रोम-रोम
जो तुम शामिल हो जाओ मेरे जीवन में
साथ तुम्हारा पाकर ऐसा लगे, जैसे
फूल खिले मन आँगन में
भिगों दो मेरे दिल को तुम
अपने प्रेम के रिमझिम सावन में
बड़ा ही फीका-फीका है
कुछ रंग भरो, इस यौवन में
रंग में तेरे रंग जाऊँ मैं, तो लगे
फूल खिले मन आँगन में
बंजर-सी दुनिया में हूँ जीता
थोड़ी-सी जगह दो, अपने उपवन में
मात्र पसंद नहीं हो तुम मेरी
तुम तो बसी हो मेरे तन-मन में
तुम मिलो तो वीराने, मन में महफ़िल जम जाए, और
फूल खिले मन आँगन में

12. हम दोनों के बीच का पुल

रेल की तरह जो चली जा रही
ज़िंदगी अपना सफ़र करती हुयी
मौत के मंज़िल तक का सफर सही
सफ़र को ही हमसफ़र करती हुयी
इस रेल के चलने से सफ़र तो हो रहा है
पर साथ ही इसमें बहुत है शोर-गुल
और इसके बीच जो है जोड़ रही
हम दोनों के बीच का पुल
कुछ राहें दर्द से भरी है
कुछ खुशियां देने खड़ी है
मजे की बात तो ये है कि
दोनों हमारे हिस्से पड़ी है
चलो साथ चलें इन राहों पर
यही तो वो शुभ घड़ी है
मिल जाए हम दोनों ऐसे
जैसे ये रहे आपस में मिल-जुल
हम दोनों के बीच का पुल
तुम दर्द में ख़ुद हो डूबी हुयी
मैं भी दुखों से हूँ लबालब भरा
तुम्हारे उपवन अगर सूखे है
तो अपना बाग भी कहाँ हरा?
तकलीफ के थपेड़ों से तुम चोटिल हो
मैं भी तो हूं ग़म में डूबा पड़ा
तेरे मेरे रंग एक से है

आ दोनों मिल एक जल में जाए घुल
और पार करे मिलके हम
हम दोनों के बीच का पुल

❧❧❧

13. साथ का उपहार

माना के कभी-कभी हमारे बीच में होता तकरार भी बहुत है
पर इसके बावजूद हमें एक दूजे से प्यार भी बहुत है
हाँ मैं कुछ मामलों में बेवकूफ़ हूं और नहीं समझ पाता
पर इश्क निभाने में तुम्हारा सूरज समझदार भी बहुत है
दिल दुखा देता है तुम्हारा प्रेमी, अनजाने में ही सही
पर तुम्हारे हर दर्द में शामिल और हिस्सेदार भी बहुत है
तुम्हें लगता होगा के तुम्हारे राय-मशवरे का वज़ूद नहीं मेरे लिए
देर लगती है लेकिन बातें तुम्हारी असरदार भी बहुत है
बहुत ही नाज़ुक है दिल मेरा, दुख जाता है छोटी बातों पर
छोटी-सी माफ़ी का असर भी मगर मुझपे जोरदार भी बहुत है
तू एक मात्र प्यार है तो मैं प्यार करने वाला केवल एक
वर्ना तो इस जहां के अंदर रिश्तों के किरदार भी बहुत है
कहती हो मुझसे के कुछ बातों पर यकीन नहीं है आपके
मगर दिल जानता है हर एक बात पर तुम्हें ऐतबार भी बहुत है
बिता लूँ कितना भी वक़्त तुम्हारे संग फिर भी
इस इश्क के मुसाफिर के सफर में मझधार भी बहुत है
माना के मैंने कोई कीमती चीज तुम्हें कभी नहीं दिया
पर मेरे दिल में तुम्हारे लिए सच्चा प्यार और एक-दूजे के साथ
का उपहार ही बहुत है

14. साथ

अच्छा लगता है साथ तेरा

जचता है होना, आस-पास तेरा

यकीन होता है ख़ुदा की मौजूदगी पे

उठती है पलके, अहसास तेरा

पास तू रहे ना रहे

सम्मुख रहता आभास तेरा

ना मौजूद रहो ग़र तुम

सूना लगता संसार मेरा

रहे जीवन, संग रहो तुम भी

जन्नत यहीं ग़र जो हो साथ तेरा

15. किताब में ख़त

मेरी इक क़िताब भीड़ में गिर गई इत्तफाकन
पैरों से कुचल के लोग आगे बढ़ते चले गए
धूल साफ़ की किताब की और उसमे रखा ख़त निकाला
सीने से लगाए बस हम, उसे पढ़ते चले गए
बड़ी हिफाज़त से रखा है इस ख़त को अरसों से
बार-बार इसे पढ़ के, कई सदियाँ गुज़रते चले गए
भाग-दौड़ तो जिंदगी की चलती रही मगर
तेरे ख़त को पढ़ के सुकून-ए-पल भी ठहरते चले गए
यादों का झरोखा खोल देती ये ख़त है
और याद दिलाती जो सपने हमारे बिखरते चले गए
अकेला हुआ जब मैं तो तेरे ख़त को देखा
क्योंकि रिश्ते-नाते सारे मुझसे बिछड़ते चले गए
तू मेरी हो न सकी कभी, क्या कहूँ इसपे मैं
किस्मत हमारे रिश्तों के बिगड़ते चले गए
जब तलक थी तू, हम इश्क-ए-राह पर लड़खड़ाये
तेरे जाने के बाद अब बस संभलते चले गए
जिस राह पर तुमने कभी अपने कदम रखा था
बीते सालों में नंगे पांव उसपे टहलते चले गए
अरमान तो तेरे ख़त को पढ़के अब भी जाग जाते है
तेरे ख़लिश को पाके ख़ुद में सिमटते चले गए
तेरे ख़त में लिखा सिर्फ इतना था कि मैं तुम्हारा हूँ
आज तक हम इतराते, महकते और संवरते चले गए

16. मेरी जान

उतना कौन चाहेगा तुझे मेरी तरह
पास तू ग़र हो तो बता भी दूँ
समझ तो तू दूर रहकर भी जाएगी
ना समझे,तो पास आ,जता भी दूँ
मेरा प्यार तेरे लिए कसम है,रीत है
रीत ये प्यार का मैं,निभा भी दूँ
जान लो "सूरज" तुमपे जाँ छिड़कता है
नहीं अगर यकीं तो, ये जान तुझपे लुटा भी दूँ!

17. तेरे संग

सूरत तेरी निहारता रहूँ, यूँ ही हमेशा
रहे जो मुस्कराते सदा सामने तू
जब-जब आंखें खोलूं, तुझे सामने ही पाऊँ
संग-संग नजरें भी मिलाए सामने तू
ग़म तेरा ले लूँ, खुशियाँ सारी दे दूं
उस पल भी आंखें बिछाये सामने तू
पाने की चाह नहीं तुझे सिर्फ;
सभी खुशिया तुझे मिले, मैं दे पाऊँ
नाम मेरा मेहंदी से हाथ सजाये सामने तू

18. शर्म और आंसू

नजरे चुराए बैठे हो
ख़ुद में जो यूं ही ऐंठे हो
शर्म है निगाहों में
या कुछ आँसू छुपाये बैठे हो
शर्म हो या आँसू हो, हमसे ना छिपाओं
तुम तो हमारे अपने हो, हमसे नजरें मिलाओ
हम शर्म हटा देंगे, आँसू की वज़ह मिटा देंगे
और गले लगा के कहेंगे "प्रियतमा मुस्कुराओ"

19. गुण अनंत

तुम कहो, मैं लिख दूँ
मेरा, मन न माने
मन मर्जी, मेरी है
ये तू, क्यूँ न जाने
अरे लिखने बैठा ग़र तुझ पर
अंत न कर पाऊँगा
लिखता-रहूँगा, मैं न रूकूंगा
भले ही मर जाऊँगा
समझ मेरी तू बात तुझमे है, गुण अनंत
तुझपे लिखने बैठा तो हो जाएगा, मेरा अंत

20. "मैं हूँ ना"

जब भी देखा उसको यूँ, ग़मों से रोते हुए

खुदको भी पाया है मैंने, आँखें भिगोते हुए

उसे नींद नहीं आती है अक्सर रातों में...

याद नहीं कब देखा था माँ ने, मुझे भी सुकूं से सोते हुए

बहुत ही उदास वो रहती है;

और अक्सर ये मुझसे वो कहती है

थक चुकी हूं अपनों से लड़-लड़ के;

और अपने हकों को खोते हुए

उसको समझाता हूं, हर पल के मत रो, "मैं हूँ ना"

आँसू पोंछ मुस्कराती है, मेरे संग सपने संजोते हुए

21. जब भी मिलना

बहुत ही याद करता हूं तुम्हें दिन-रात
है फ़िलहाल बंद कॉलेज, मिल ना पाए तुम्हारा साथ
देख के ही मुझको तुम, गुलाब की तरह खिलना
जब भी मिलना

मेरी बहुत याद सताये, तो तुम मुझे बुला लेना
दौड़ा आऊंगा कहीं भी, बस तुम गले से लगा लेना
बिछड़ के ये दिल उधड़ गया, तुम संग मेरे, दिल सिलना
जब भी मिलना

बीत जाए जब घड़ी ये दूरी की
मिट जाए दिन ग़र ये मजबूरी की
तुम यूँ गले लगना सरे-आम मुझसे,
दुनिया भी तुम्हें हिलाए तुम मत हिलना
जब भी मिलना

बाहों में जब हम आए, फिर एक ही हो जाए
धड़कनों को धड़कने देना तुम एक ही सुर में
उनको भी तो खबर हो जिस्म दो है,पर एक ही दिल ना
जब भी मिलना

22. कॉलेज की छुट्टियाँ

हमें अक्सर नींद नहीं आती

खयाल से जो तुम, हट नहीं पाती

करवटें बदलकर भी रातें कटती है

सपनों में आके जो, दिल में हलचल हो मचाती

तुम हो मेरी सबसे प्यारी

दिन-रात तुम्हारी है मुझे याद सताती

काश जल्दी बीते ये छुट्टियां कॉलेज की

और मिलें हम, मैं तुम्हें तुम मुझे गले से लगाती

दोनों को सुकून मिलता एक दूजे के बाहों में

ऐसे में पल में मैं भी खुश तुम भी संग मुस्कुराती

23. वजूद

मैं तो खुद डूबा हूं किसी की आंखों में
डूब के जो सुकूं है, मैं आखिर कैसे बताऊँ
दिल करता है उसे कलम बना लूँ
ख़ुद स्याही बन कर, उसमें समा जाऊँ
जब भी लिखे मुझसे लिखे
उसके अस्तित्व की मैं वजह बन जाऊँ
ग़र ख़त्म हो तो दोनों हो
वर्ना वो भी व्यर्थ मैं भी व्यर्थ कहलाऊँ

24. सबसे पहले

सबसे पहले
जिक्र तेरा हो जाता है
उसके बाद ही मुझे
किसी और का खयाल आता है
सबसे पहले
मुस्कान तेरी देख
फिर चेहरा ये मुस्कराता है
ग़र तू हो उदास कभी
तो ये सूरज कब खुश रह पाता है
सबसे पहले
सुबह की शुरुआत तुझसे
फिर किसी से बतियाते है
तुम से बात न हो जिस दिन
उस दिन अक्सर दोस्त मेरे;
मुझको गुमसुम पाते है

25. ग़म-ए-मशहूर

न तू है, न तेरा साथ है
है वही शाम, फिर वही रात है
तन्हा लिख रहा हूँ मैं अभी
ये शब्द नहीं, ये मेरे ज़ज्बात है
आज-कल हूँ, ग़म-ए-मशहूर मैं,
ये सच है, हूँ तुझसे दूर मैं
हो जाऊँगा हँसते-हँसते महफ़िल में बदनाम
हाँ सनम! ग़र तू मेरे साथ है, ग़र तू मेरे साथ है

26. सिर्फ तुम्हारा

दूर हूँ तुमसे मगर, दूर भी कहाँ हूँ?

मौजूद हूँ नहीं मगर, फिर भी वहाँ हूँ

ये दुनिया होगी सबकुछ, सब के लिए

मैं अकेला ही तुम्हारा सारा जहाँ हूँ

मत तलाशों मुझे कहीं, बाहर की दुनिया में

धड़कनों से पूछो अपने, मैं यहाँ हूँ

भूल जाओ सबकुछ बस याद रखना इतना

था तुम्हारा, रहूँगा और तुम्हारा ही रहा हूँ

27. इबादत

जो मिला तुमसे, खिला
तब तब मैं
बिना तेरे खुश रहा
कब कब मैं?
चूमना चाहूँ तेरे
लब लब मैं
याद आये तेरी आँखें मूँदू
जब जब मैं
होश में रहा नहीं
अब अब मैं
जागता हूँ यादों में तेरी
शब शब मैं
इबादत तू कर मेरी, तेरा
रब रब मैं

28. दिल की सदा

तेरी हर एक अदा पर मेरा दिल आए
तू सफर है तो हम कभी न मंजिल पाएं
राहत है, सुकून है औ आराम भी
देखो, भटके नाँव मेरे साहिल आए
आबाद है बर्बाद होकर भी हम तो
कुछ न पाए मगर जो साथ तुमको शामिल पाए
ऐसे भी क्या ख़ास है जन्नत की दुनिया में?
तुम यहीं हो तो खुदा से भी हम मिल आयें
मोहब्बतें लाख, लाखों ने की होगी मगर
बढ़ती मोहब्बत मेरी तिल-तिल जाए
मरने के ठीक एक पल भी तू रहे सामने
मेरी मोहब्बत की मिसाल देने मेरा कातिल आए
हम कैद है तुम्हारे दिल के कैदखाने में
रिहाई न हो कभी नाचीज़ ये मुवक्किल चाहे
मुर्झाई हुयी-सी तुम बिन बगिया है मेरी
तू जो इक झलक दिखाए तो ये खिल जाए
सुकून तेरी वीरान-सी आंखों में ही मिला
हम घूम ज़माने के हर एक महफ़िल आए
रहे तू संग सदा दिल की यही सदा है
तू मुझे, मैं तुझे, हम एक-दूजे को हो हासिल जाए

29. जुदाई का एहसास

हमें जुदाई का एहसास जब हो
तुमसे मिलने की आस तब हो
मिलने को मिल न पाए, इसलिए
रूठी, नाराज और उदास अब हो
कब भूला जो याद करूँ मैं?
जब भी चाहा तुम पास तब हो
नजर में हो, जिगर में हो
तुम ही हो धड़कन,साँस-वाँस सब हो
फूल, खुशबू, चाँद, चाँदनी
बिन तेरे मुझे ये सब रास कब हो?
दिन सूना, फीका हर लम्हाँ
स्याह तुम बिन बकवास शब हो
बड़ा तन्हा-सा होने लगूँ मैं
तुम न हो, भीड़ आस-पास जब हो
ना होश, ना खयाल, ना नींद
तुम ही आराम, भूख - प्यास सब हो
क्या कीमत है "सूरज" के लिए तुम्हारी
वज़ूद, ज़मीर, सबसे खास, रब हो

30. अधूरा

मेरी साँस हो, मेरी धड़कन हो, तुम ही हक़ीक़त हो
मेरी नज़रों से तो देखो तुम कितनी खूबसूरत हो
हर जन्म तुझे पाऊँ, तुझको ही सदा चाहूँ
जो बिन तराशे चमकती है, वही तो तुम मूरत हो
कब सोचा बिन तेरे जीना, मरना भी कहाँ गवारा
जो वजह मेरे वजूद की है, आँखों में वो तुम सूरत हो
बिन तुम्हारे ये कोरा,उदास पन्ना है "सूरज"
रंग हो, स्याही हो, अधूरा हूं, जरूरत हो...।

31. ख़ुशी का बयां

मेरी खुशी का मैं बयान कैसे करूँ
क्या शब्द लाऊँ और होठों पे धरूँ
तू आयी इस दुनिया में मेरे लिए ही
शुक्रिया तेरा या उस रब का करूँ?
ख़ैर नाराज होगा वो खुदा अब मुझसे
सुबहो-शाम, दिन-रात, तुझे ही पूजा करूँ
हासिल है तू तो ये जहां है हासिल
अब और क्या पाने की मैं इच्छा करूँ?
ये दूरियों के दौर में भी सनम
हर-पल तेरे ही बारे में सोचा करूँ
इश्क बेइंतहा है मेरा, तुझे तो खबर ही है
और बढ़ रहा है पल-पल, सरेआम चर्चा करूँ

32. निशानी

जो छलक गए ये आँसू तो हैरानी क्या है
अरे तू भी पूछता है मेरी परेशानी क्या है
इस मोहब्बत में खुदा किया तुझको मैंने
जो सजदे न झुके तो वो पेशानी क्या है
ये भी हक नहीं मेरा के तुझे अपना कहूँ
तुझको अपना कहने में मनमानी क्या है
इश्क में फना दुनिया में कितने हुए लोग
दूँगा लुटा ये जिस्म, रूह, जवानी क्या है
याद को तेरे मैं खुद इक सुबूत हूं जहां को
मुझे याद रखे लोग उसकी निशानी क्या है
इश्क अधूरा ही रहा तो क्या हुआ "सूरज"
ज़माना पूछता है तेरी प्रेम कहानी क्या है

33. मजा

आंखें मूँद कर सोने का मजा
मीठे सपनों में खोने का मजा
ख़यालों की दुनिया बनाने का मजा
अपने ही मन में मुस्कराने का मजा
हैं सुकून बड़ा इसमें कुछ पल का मगर
हैं बड़ा सबसे दर्द सहने का मजा
तकलीफ से दिन-रात लड़ने का मजा
दुनिया बुरी है उसमे सबसे अलग होने का मजा
हैं छीनती दुनिया सबकुछ तेरा उसमे सब खोने का मजा
खुद सच्चा होके झूठे को झूठा कहने का मजा
हैं सही मायने में बहुत ही ख़ुशनुमा
दुनिया में रहकर सबसे अलग होने का मजा

34. आग बुझने मत देना

है खुले द्वार कुटिया के
नजरे गड़ाए है वो खड़ा
उस रावण को तुम मगर घुसने मत देना
है स्थिति विकट, है हाल बुरा
फिर भी अपने नज़र को तुम
हरगिज़ कभी झुकने मत देना
तेरे भीतर की ज्वाला ही बाहर का ये तम हरेगा
इसलिए तू अपने अन्दर की "आग बुझने मत देना"!

35. खुद की पहचान

मैं किसी की परछाई नहीं हूं
मेरी खुद की पहचान है
ग़र वो है बहुत बड़ा मुझसे
तो मैं तुच्छ होकर भी महान हूं
उसका मकान उसको मुबारक
मेरा कुटिया मुझे प्यारा है
चमकता सितारा वो है कहीं का
ये आसमाँ पूरा हमारा है
है चमक उसकी बहुत ज्यादा मगर
मुझ अंधेरे से उसका वजूद है
भरा है लबालब वो सारी खुशी से
मेरे पास भी हर खुशी मौजूद है

36. मन में एक उत्साह रहे

अच्छे काम को करना

और न किसी से डरना

दर्शाता है स्वभाव अटल

अपने मौज में रहना

और खुशियां बांटे फिरना

मन को कर, निर्मल-निश्छल

हंसते हुए जीना

दर्द के घूंट भी पीना

गंभीर संग कर, मन चंचल

ख़ुद को सजाना

उमंग मनाना

विकसित होऊँ, हर पल

इतनी हिम्मत आ जाए सब में

के हर तकलीफ को हर, हाल सहे

और ये मुमकिन हो तभी जब

मन में एक उत्साह रहे

37. अनुसरण

कोई यूँ ही नहीं किसी का अनुसरण करता
जब तलक स्वयं की छवि सामने नहीं वो पाता है
किसी के आदेशों का पालन यूँ ही नहीं करता कोई
या तो मजबूर हो कर या दिल से उसे निभाता है
कोई कितना भी चाह ले, खुद के लिए इज़्ज़त पैदा करना
चाहने से ही क्या सबकुछ हो जाता है
अपने काम से करता रह तू प्यार;
मत कर किसी प्रसंशा का इंतजार
इसी तरह इन्सां सफलता पाता है

38. दूसरों के लिए

यहाँ लोगों को वक़्त नहीं ख़ुद के लिए
तो कैसे निकाले वक़्त
दूसरों के लिए
ख़ुद में ऐब ढूंढना कठिन
है सरल मगर ढूँढना
दूसरों के लिए है
दिल दुखता बहुत, किसी के पहुंचाएं चोट से
खड्डा खोदना अच्छा लगता है मगर
दूसरों के लिए
ख़ुद पर लाखों उड़ाऊं, खर्च करूं
निकले ना अठन्नी जेब से
दूसरों के लिए
हैं दया, प्रेम, करुणा बड़ा ही अपने बीबी और बच्चों से
है घृणा, शत्रुता और अन्य कुविचार
दूसरों के लिए
ख़ुद के साथ अच्छा और ख़ुदको भी अच्छा है बनाना
तो सदा रखो विचार अच्छे
दूसरों के लिए

39. इसलिए मौन हूँ

अपनी परिस्थितियों में परिवर्तन मेरे हाथ नहीं
जो कर सकता है वो खुदा, फ़िलहाल मेरे साथ नहीं
अभी रूठना मनाना उस ख़ुदा से मेरा जारी है
अभी पहचान नहीं बनी और मेरी कोई औकात नहीं
इसलिए मौन हूँ
है दिन-रात करता सफ़र हूं राह-ए-मंजिल को
सफर मेरा लंबा है, लगता मंजिल अभी दूर सही
हार ना मानूँगा मगर चलता ही जाऊँगा
इस राह में मुझे, कांटे मिले कई, फूल एक भी नहीं
इसलिए मौन हूँ
अभी बहुत कुछ है करना मुझे, ख़ुद ही से है लड़ना मुझे
बहुत-से सवालों के, जवाब है हल करना मुझे
अभी तलक जवाब नहीं, कोई जब पूछे "मैं कौन हूं?"
इसलिए मौन हूँ

40. सुविधाओं का त्याग

जब कर्मों से इंसा कतराने लगे
छोड़ फ़र्ज़ आराम फरमाने लगे
बेफिक्र हो मंजिल से दूर जाने
लगे तो इंसा भोगी हो जाता है, इसलिए
सुविधाओं का त्याग ज़रूरी हो जाता है
जब बिस्तर से उठकर इंसा पानी न पीये
सिर्फ उठे, खाए, सोये और मस्ती में जिए
उसे सभी सुख मिल जाए बिना काम किए
तो इंसा रोगी हो जाता है, इसलिए
सुविधाओं का त्याग ज़रूरी हो जाता है
सभी काम करे इंसा अपने समय पर
मेहनत करे और थके न वो पल भर
ग़र स्वयं को बना ले वो आत्मनिर्भर
तो इन्हीं सद्गुणों से इंसा योगी हो जाता है, इसलिए
सुविधाओं का त्याग ज़रूरी हो जाता है

41. विद्यार्थी का चिंतन

केवल विद्या का अर्जन करो
हो सके तो, थोड़ा मनोरंजन करो
ये देश-दुनिया से तुम्हें क्या लेना बेटा
ये बोझ छोड़ो हमारे लिए;
तुम गीत-कविता का सृजन करो
ये देश की जिम्मेदारी बहुत बड़ा काम है
मैं हूँ न अभी , न तुम इसपे मनन करो
हूँ नेता तुम्हारा, तुम्हीं ने बनाया
मुझसे हालात का तुम वर्णन करो
ये जो देश के हालात है, ध्यान न दो इसपे
हमारी तरह ठूस के खाओ, न अनशन करो
मस्ती लो जीवन का आनंद उठाओ;
मरने दो धूल-मिट्टी को, ये तो मरते है,
तुम स्वयं को बेटा कंचन करो
भाषण हम दे देंगे,संवेदना भी जता देंगे
कुछ क्षेत्रों में जा-जा कर ढाढस भी बंधा देंगे
तुम केवल मतदान पे ही, चिंतन करो
हमें ही विजयी है बनाना तुम्हें...बेटा! ठीक है!
तुम केवल मतदान पे ही, चिंतन करो!

42. कलम और जज़्बात

कलम में स्याही होना मात्र काफी नहीं
जज़्बातों का रंग भी घोलना पड़ता है
सब को लगता है काम आसान है बहुत
यहाँ काग़ज़ पे अपना दिल खोलना पड़ता है
झूठ-मूठ की बनावटी दुनियां नहीं है ये
औरों से तो कह दोगे, ख़ुद से सच बोलना पड़ता है
क्या ओहदा है तुम्हारा इस दुनिया में, जानने के लिए
ख़ुद को इस तराजू में रख, तोलना पड़ता है

43. बलात्कार

जो कर रहे बलात्कार वो, इस समाज के ही अंग है
हर साल विजय पा रहे नेताओं में उमंग है
जिनके लुटे है घर, उनके होली के रंग भी बेरंग है
कर रहे देरी सुनाने में फैसलें जो ये हमारे रक्षक
सच पूछिये तो कोई नयी बात नहीं,ये इनके पुराने ढंग
है दर्द है, चित्कार है, चीख है, पुकार है, गरीबों के हिस्से में
नेता यहां है झूमता, ये मदमस्त और मलंग है
हमें नहीं रुकना, न थमना, है लड़ना
कुछ भी हो जाए भाई-बहनों, हमें है आगे बढ़ना
ये नेता नहीं समझेंगे क्यूंकि ये हमारी जंग है!

44. शाम उतर आयी है दिल में

नज़ारा तो देखो कितना अच्छा है
जैसे खेलता हुआ कोई बच्चा है
ये सूरज है शायद जो...थक के
अब पहुंच गया है साहिल पे
शाम उतर आयी है दिल में
कुछ धुएँ के बादल है ये
या फिर माँ का आंचल है ये
जिसमें छिपकर सूरज को लगता
है पहुंच गया वो मंजिल पे
शाम उतर आयी है दिल में
चिड़ियों का रेला है क्या
या ये शाम तन्हा,अकेला है क्या
मुझको खबर नहीं यारो...
मैं तो गुम हूं इस महफिल में
शाम उतर आयी है दिल में

45. "समय"

इस "समय" ने सबको है समय दिया

बस कुछ लोगों को कुछ लोगों से है दूर कर दिया

देखा जाए तो समय की नियति यही है

पर लोगों ने अपने इच्छा का दोष समय को दिया

जिसको जिससे मिलना है, मिलके रहता है

यहाँ पर हर इंसान ने अपना स्वार्थ पूरा है किया

क्या इंसान समय के सच में अधीन है

या अपनी दुर्बलता से खुदको है गुलाम किया

दोष देना समय को हमेशा सही नहीं

उसका कब किसने क्या उखाड़ लिया

समय के हिसाब से खुदको ढालो

समझदार वही है जिसने समय पर समय को पहचान लिया

46. लक्ष्य

हालात और वक़्त ने तो कमाल कर दिया
देकर मुझे ठुकरा, बेमिसाल कर दिया
अगर वक़्त रहते वक़्त ने,मुझे ये हालात न दिखलाते
न थमने के ये हौसले मुझमें, फिर कहाँ से आते
था जरूरी मार खाना,कभी-कभी यूँ हार जाना
न रुकते ग़र यहां तो फिर, बड़ा लक्ष्य न ढूंढ पाते
है सिखाया बहुत कुछ इन किस्मत के थपेड़ों ने
बिना मेहनत कामयाबी, आख़िर फिर कैसे हम पाते?

47. इश्क़ और दोस्ती

इश्क़ और दोस्ती जहां इस देश में,
एक मज़ाक का विषय बन जाए
सिर्फ पत्नी या बहन तक ही;
ग़र एक लड़की और लड़के का रिश्ता कहलाये
तो बताओ कि हम इस देश में, प्रेम-पाष कैसे फैलाए
क्या सही है लट्ठदल जैसे समूहों का होना
जो प्रेम को सिर्फ हवस समझ;
हाथ में राखी या मंगलसूत्र थमाएं
जबरन कोई रिश्ता नहीं बनता, सब वक़्त पे होता है
काश कोई ये बात इन हिंसक समूह को बताये
मेरा अनुरोध है सभी संघ एवं जन-जन से
इस प्रेम को राधा-कृष्ण समझे,
इसके अर्थ पे दाग न लगाए!

48. शहर-गांव

इस शहर के शरीफों से अच्छे है, गांव के गँवार
न घमंड, न फरेब और न ही हृदय कठोर
कहाँ मिलेंगे शहरों में ज्यादा ऐसे लोग
बुद्धिमानों में बुद्धि अधिक फिर भी दिल के चोर
ज्ञान तो वो गाँव के अनपढ़ बूढ़ों से ले लो
शहर में तो अक्सर करते लोग, ज्ञान के नाम पर शोर
किसी शहरी का एक छोटा-सा मकान तो
गांव के गरीब का जमीन देखो, फैला चारो ओर
विकास का मतलब अगर आधुनिक होना है
तब तो मुझे खेद है और इस बात का रोना है
क्योंकि पारंपरिक रहकर भी विकसित;
होने की बात ही कुछ और है
देख रही है प्रकृति भी शहर-गांव का अन्तर
ये बस दिखावे मात्र का काला स्याह दौर है

49. उर्दू का महत्त्व

उर्दू न होती तो शायद

मैं पन्नों में अपना, दिल न रख पाता

ज़ज्बात को शब्दों में शायद, बयां ना कर पाता

हिन्दी माँ, उर्दू मौसी दोनों को

एक ही घर में सुसज्जित न कर पाता

किसी धर्म का कोई सूचक नहीं है भाषा

मेरी बोली मुझे जो हूं, उससे अलग न कर जाता

हिन्दी-उर्दू ने कुछ बदल नहीं दिया मुझे

पर मन में इक अलग, मुकाम-सा हूं मैं पाता

क्या कभी भाषाओं ने आपस में लड़ाई की है

अरे दोनों तो बहनें है, काश हर कोई ये समझ जाता

जहां दो भाषायें आपस में रिश्ता निभाए है

काश यहां इंसा भी, आपस में निभाता दिल का नाता

उर्दू ने ज़ज्बात गहरा किया.. तो

हिन्दी ने बोलने का ढंग दिया

इनकी तरह सब मिल जुलकर रहे और मेरे संग कहे

जय हो तेरी, भारत माता! जय हो तेरी, भारत माता!

50. समय मुट्ठी में कब आया

जो भी काम है करना, कर लो अभी
कल वरना फिर पछताओगे सभी
वक़्त ने जो हरा दिया;
तो उससे कौन जीत पाया
समय मुट्ठी में कब आया
माना के जिंदगी है, चंद दिन की ही सही
खुशियां इसके भीतर लेकिन कम भी नहीं
कोशिश करना बटोरने की सब खुशियां;
ग़र नसीब से जो मिल पाया
समय मुट्ठी में कब आया
दर्द सारे सहना तुम, खुश होकर रहना तुम
वक़्त रहते ख़ुदा का शुक्रिया अदा करना तुम
जो न मिला है जीवन में;
या जो कुछ भी है तुमने पाया,
समय मुट्ठी में कब आया

51. गुमनाम के नाम पैगाम

तू गुमनाम होकर भी चाहता है
अपने होने का एहसास कराना
अरे खो मत किसी दुनिया में, यहीं जी
औरों ने कब परवाह की है तेरे आंसुओं की, ज़रा बताना
वज़ूद अपना बना, मना नहीं है
नामुमकिन है यहाँ पर ऐ दोस्त, हर किसी को समझाना
खुदको खो दिया है, नहीं तूने, जो तुझे लगता है
बस किसी और का हो गया है तू, मुझे दिखता है
ख़ुद के वज़ूद को याद कर उठ जा, भुला दे ग़म शिकवे
अच्छा नहीं है मेरे यार, इस बेवफ़ा भीड़ से हार जाना
हुज़ूर जो होना चाहेंगे, होना तेरे, होकर ही रहेंगे
छोड़ ये ग़म करना, और शुरू कर मुस्कुराना

52. कुछ नजर नहीं आता

बैठा हूं दूर गांव से
गांव की खबर नहीं पाता
याद आती है मुझे गांव के पेड़ की
शहर के सड़कों पे जब छांव नहीं पाता
सब दिखता है यहाँ मगर
कुछ नजर नहीं आता
दादी की याद आती है
दादा की भी याद सताती है
दादी को तो खो चुका
और दादा जी से मिल नहीं पाता
इस शहर की भीड़ में
कुछ नजर नहीं आता
अच्छा नहीं लगता दफ़तर के डेरे में
घिरके मतलबियों के घेरे में
काश के इस जंजाल से मैं जल्द निकल पाता
और गांव में दादा जी के संग, सुकूं के दो पल पाता
पर जिम्मेदारी के आगे मुझको
कुछ नजर नहीं आता

53. महफ़िल में कमी

कुछ लोगों ने मुझसे पूछा कि
आज महफ़िल में कुछ अधूरा-सा लगता है
मैंने कहा, जो कल तक महफ़िल जमाता था;
आज घरवालों के लिए कमाता है

कल तक मनमौजी था, खेलता था शब्दों से
और हम सब का दिल बहलाता था
आज जिम्मेदारी के बीच रमा हुआ है;
और मेहनत कर काम चलाता है

कल तक मुफ़्त था बहुत समय था उसके पास इसलिए
तुम्हारे लिए दिन-रात गुनगुनाता था
आज सिर्फ़ घरवालो के लिए;
दर्द झेल के भी मुस्कराता है

कल तक तुम्हारे बीच जो खा-पी के मौज उड़ाता था
आज वो घरवालों का पेट भरे;
इसलिए दो रोटी कम खाता है

कल तक जो बेफिक्री में चैन की नींद सोता था
आज वो चिंता में जाग रात काटता है
महफिल इसलिए भी सूनी है मेरे दोस्त क्योंकि
जो कल तक हमारे बीच दिल-ए-हाल सुनाता था
वो आज परिवार के बीच बैठ सुख-दुख बांटता है

54. एक गलत फ़ैसला

एक गलत फ़ैसला

हर ख़ुशी को ग़म में तब्दील कर सकती है

अच्छी-खासी किसी की तकदीर बदल सकती है

सही फ़ैसला किसी को है विकसित करता

तो गलत फ़ैसले अर्श से फर्श पे पटक सकती है

एक गलत फ़ैसला

गहरे से गहरे रिश्ते को तोड़ या बिगाड़ सकती है

सफलता पाने वाले को सीढ़ी से उतार सकती है

अगर यही फैसले हम सोच समझ के लें

तो हमारी पूरी ज़िंदगी ही सँवार सकती है

एक गलत फ़ैसला

अफ़सोस के काले कुएं में ढकेल सकती है

इंसा को खिलौना बना के जैसे मर्जी खेल सकती है

रिश्ते हो, अदालत हो या फिर सियासत हो

सभी जगह मात दे हमे, अंधेर किनारे में ठेल सकती है

55. पल में हुआ सब फ़ना

बड़े से बड़े शख़्सियत को धूल में पटक देता है
ये किस्मत और वक़्त की मार का क्या कहें
ये जमीन से लेकर आसमान तक पलट देता है
जो न मिटे कभी इस दुनिया में ऐसा एक कण न बना
एक पल में हुआ सब फ़ना

ज़लज़ला जब आता संग अपने सब लूट जाता है
इंसा के भरोसे का भी कुछ ऐसा ही है
जब टूटता है तो इंसा भी उसके संग टूट जाता है
वक़्त की मार से बचा हो, ऐसा अब तक कोई न जना
एक पल में हुआ सब फ़ना

जब जुल्म हद से ज्यादा गुजरने लगे
पाप पुण्य पे काफी भारी पड़ने लगे
जब बनी बनाई किस्मत बिगड़ने लगे
तब समझो प्रलय आने को है,आखिरी दर्द है अब सहना
एक पल में हुआ सब फ़ना

56. अगर इक चाय मिल जाए

सर्दी का आलम है
ठंडा ये मौसम है
एक छत,एक कंबल और कुछ
आग के संग मजा आ जाए
अगर इक चाय मिल जाए
गरीब बेघर हूँ मजबूरन सड़क पर सोता हूँ
कोई कंबल दान दे गया था पिछले साल;
ठिठुरती रात में उसी को ओढ़ लेता हूँ
चलो न मिले घर-बार, किस्मत समझूँगा
काटे सर्दी साथ, कुछ मेरे जैसे ही मिल जाए, संग
अगर इक चाय मिल जाए
सुना है आराम दिलाती है इक कप चाय सर्दी से
है करती दवा दुनिया के दिये ज़ख्म बेदर्दी से
आज-कल तो चाय मशहूर है नेताओं तक
नेता जी चाय पिला दो वोट ले लो;
देश मे गरीबों की सर्दी कट जाए
अगर इक चाय मिल जाए

57. हम सब एक सिनेमा है

कभी माँ ने अभिनय का क्या खूब हुनर दिखाया
ख़ुद भूखे पेट रहकर बच्चों को रोटी ज्यादा खिलाया
कभी पिता ने जो क्या खूब अदाकारी है निभाया
लाख ग़म सह के भी बच्चों के आगे मुस्कुराया
लगता है इन्हें सदियों का कोई तज़ुर्बा है
हम सब एक सिनेमा है
नेता जी तो कितने अभिनेता के शुरू से गुरु है
बड़े-बड़े महानायको को अदाकारी सिखाया
जनता अभी भी मूर्ख है क्योंकि
सदियों से देखते हुए भी अदाकारी ना सीख पाया
गरीबी ने तो बनाए कईयों को अजूबा है
हम सब एक सिनेमा है
ये धरातल तो एक रंगमंच है
जिसकी हम सब है कठपुतलियां
सबने यहां अलग-अलग अभिनय किया
सबने चेहरे पर चेहरा है लगाया
अपने अदाकारी से ना जाने कितनों को दीवाना बनाया
जिसके हाथ इस कठपुतली की डोर है
उसने जब मन चाहा पर्दा उठाया, जब मर्जी है गिराया
विश्व सर्वश्रेष्ठ अभिनयकर्ता पुरस्कार की विजेता "माँ" है
हम सब एक सिनेमा है

58. स्वर्ग का रास्ता

जन्नत या स्वर्ग जैसे चीजों पे मुझे यकीन नहीं
पर बहुतों को इसपे यकीन दिलाया जाता है
मैंने जब ढंग से पढ़ा स्वर्ग के बारे में
तो पता चला मरने के बाद ही वहाँ इंसान जाता है
कुछ कवियों से मैंने सवाल किया
बिन मरे कैसे स्वर्ग जाया जाता है?
कुछ ने जवाब दिया यहीं है स्वर्ग, तो कुछ चुप रहे
एक ने बड़े यकीन से कहा और दिया अपना वास्ता;
"माँ के पैरों में पड़ा रह और पा लें, बिन मरे
स्वर्ग का रास्ता"

59. तुलसी-एक औरत

पवित्रता, शुद्धता और गुण भी अनूप है
तुलसी का चरित्र, किसी स्त्री के स्वरुप है!
हर तकलीफ हरे, तन-मन स्वच्छ भी करे
तुलसी का महत्व इससे कई गुना महान है
स्त्री के गुण, त्याग, कौशल आदि का बखान
मेरे लिए समुद्र तैर के पार करने के समान है
तुलसी को है पूजा जाता, मात्र ये पौधा नहीं कहलाता
स्त्री को भी है हम पूजते, माता इन्हें पुकारा जाता
धन्य हो तुलसी तेरे गुण, संग अवगुण भी तू हरती
इसी तरह तुझे शत-शत नमन है "स्त्री"
तू भी हर पल, हमारे लिए, क्या-क्या नहीं करती

60. साधारण होना बड़ी बात है

दुनिया की हर माँ को देखो
अनपढ़ हो तो भी,उनकी सबसे ऊंची औकात है
पिता के गरीब होने पे भी,
बेटे को देते सारी ठाठ-बाट है
माँ-बाप सजीले नहीं, फिर भी महान है
साधारण होना बड़ी बात है
बुद्धिमत्ता और शैली का मेल अधिक आवश्यक नहीं
व्यक्तित्व में शालीनता बुद्धिमत्ता के बाद है
सीरत का अच्छा होना चाहिए इंसा को पहले
सूरत मात्र मनुष्य के लिए अपवाद हैं
गुणों का विकास सरल तरीके से करो, क्योंकि
साधारण होना बड़ी बात है
जहाँ गांधी ने देश-विदेश के दिलों पर राज किया
उनके सादगी से ही आज देश हमारा आजाद है
गांधी जी ने अपने देश को स्वदेशी किया, पर आज
पश्चिमी चलन के नकल में देश हमारा बर्बाद है
तभी दूजा कोई गांधी न बना, इसलिए कहते है
साधारण होना बड़ी बात है

61. सही राह

आसान कुछ भी नहीं होता है यहाँ इंसा के लिए
सब आसान बनाना पड़ता है
तकलीफ होती है बहुत, फिर भी
यहाँ अपनों की चिता को आग लगाना पड़ता है
और भूलना मुश्किल होता है मगर
क्या करे, भुलाना पड़ता है
वहीं दूसरी ओर, लालच है स्वभाव में आदमी के
बिना मेहनत के हर लाभ पाना चाहता है
चोरी करता है, खून करता है, और ना जाने क्या-क्या
वस्तु के लोभ में इंसा का ही निशां मिटाना चाहता है
ख़ुद के थाली में है रोटी भरी पड़ी
फिर भी दूसरे के थाली का माल खाना चाहता है
अपनी ख़ुद की चीज है कीमती बहुत
फिर भी दूसरे के समान पर नजरे गड़ाना चाहता है
असंख्य अवगुणों से भरा है मनुष्य
पर औरों की गलती ही गिनाना चाहता है
अरे लेखक भी मनुष्य है अलग नहीं है, तुम्हारे साथ
खुदको भी ये "सूरज", सही राह दिखाना चाहता है

62. कैसे हो सकता है

कुछ ऐसा रहस्य है, जिसको कोई सुलझा नहीं पाया
चोट लगा बच्चे को तो माँ को कैसे दर्द हुआ
हर तकलीफ बच्चे का माँ को कैसे महसूस हुआ
दर्द में जब हुआ बच्चा, माँ ने सारा दर्द हरा
उसी बच्चे ने माँ को बुढ़ापे में तन्हा करा, हैरान हूं
इंसान फिर भी वो समाज में कहलाया
ऐसा कैसे हो सकता है
माता ने बच्चे को गर्भ में नौ माह सम्भाला
पिता ने भी जीवन भर औलाद को पाला
माँ के समान ही पिता का भी ओहदा है जहां में
माँ-बाप का कहा कभी नहीं,भले ही ख़ुदा का टाला
मैं हूँ माँ-बाप का भक्त औरों की तरह नहीं
जो भगवान की मूर्ति खरीदूँ, माँ-बाप को घर से निकाल दूँ
ऐसा कैसे हो सकता है
माँ-बाप के ही बदौलत सब ज्ञान मैंने सीखा
उन्होंने ही सिखाया इंसान बनने का तरीका
सब किताबों और अध्यापकों के बस का नहीं है
माँ-बाप है सिखाते जीवन जीने का सही सलीक़ा
अनपढ़ और गरीब कितने भी हो माँ-बाप मगर
दुनिया में कोई उनसे शिक्षित और अमीर भला हो
ऐसा कैसे हो सकता है

63. न रोके कोई

हवा हूं नए सुबह का, ताजगी से भरा

मीठी खुशबू और विकसित उमंग से भरा

शहर के कोने का वो हिस्सा हूं जो बचा है थोड़ा हरा

हर किसी को नसीब में कहाँ है ये बताओ जरा?

पाएगा वही मुझे जो, भोर पहर उठे सो के कोई,

दुआ है सबको नसीब हो ये हवा,और इस हवा को
न रोके कोई

ये जो हवा शहर की सुबह नसीब हुयी

कुछ देर की ही ये खुशनसीबी है

वर्ना धूल,मिट्टी और प्रदूषण से तो

फैला पूरे शहर में खांसी और टीबी है

पेड़ को न काटो, देखों काट इसे आग में न झोंके कोई

जहां पेड़ कटे आवाज उठाओ, तुम्हारी आवाज़
न रोके कोई

शहर का वातावरण पूर्णतः प्रदुषित है

इसको लेकर बेचारी जनता एकदम चिंतित है

पर वही दूसरी ओर

हमारे प्यारे नेता जी एकदम निश्चिंत है

जागरूक करने नेता जी को, पीछे पड़ो हाथ धो के कोई

ऐसी तुम आवाज लगाओ पर्यावरण हित में, कि
न रोके कोई

64. जो कहा है सुना जाएगा

यूँही व्यर्थ नहीं लिखता हूँ

कलम बेवजह नहीं घिसता हूँ

मतलब भी है मेरी बातों का कुछ

तभी यहां पे टिकता हूं

आज नहीं तो कल ये बात, तुझे समझ आएगा

जो कहा है सुना जाएगा

मेरे लेखनी में कुछ तो दम है

ऐसे ही नहीं किसी के लिए मरहम है

भले ही तवज्जों दो-चार ने ही दिए

मेरे लिए ये फिर भी कहाँ कम है

आज नहीं खबर तुझे समय ये बतलाएगा

जो कहा है सुना जाएगा

अभी आंखों में है थोड़ी नमी

हाँ है अभी अनुभव की कमी

तूने आलोचना लाख करी मेरी मेरी

कलम पर कहाँ थमीं?

तू देखता जा जल्द तुझे नजर आएगा

जब जमीं का "सूरज" चमक जाएगा

आज जो नहीं सुनना पसंद करते मेरी आवाज़, कल को

जो कहा है सुना जाएगा

65. गुब्बारे सा दिल

इंसान आजकल इंसान की कद्र नहीं कर रहा
एक दूसरे के भावनाओं को कदमों से कुचल रहा
इंसान ही बन बैठा है इंसान का कातिल
और सुई बनके फोड़ता फिर रहा
गुब्बारे सा दिल
बेटे ने माँ-बाप को दहलीज से बाहर कर दिया
दया-प्रेम के स्थान पर लोभ ने घर कर लिया
पैसे को ही समझ रहा है इंसान अपनी मंजिल
लालच बना है काँटा और फोड़ रहा है
गुब्बारे सा दिल
सच्चे प्यार में जिस्म की जो भूख रखते है
इश्क में फरेब की साजिश जो रचते है
ऐसे लोग जानवर है और नहीं है इज्जत के क़ाबिल
तेज है नुकीले पंजे इनके, जिससे फ़ूट सकता है
गुब्बारे सा दिल

66. रात सोचते गुज़रेगी

दिन में हुए कितने हादसे
कुछ हमसे, कुछ किसी और से
क्या अच्छा किया क्या बुरा हुआ
ज़रा सोचना तुम भी गौर से
जब तलक न सोंचोगे, आदतें कैसे सुधरेगी, इसलिये
रात सोचते गुज़रेगी

अब तक न तुमने शुरू किया है आगे बढ़ना
रोज सोचते हो के आज, मुझे है ये काम करना
कर लो जो भी करना है आज से शुरू तुम
पड़ेगा बहुत तुम्हें बाद में, पछताना वरना
सफलता को आज मना लो तुमसे जुड़ने के लिए
वर्ना कल को जुड़ने से मुकरेगी, और फिर
रात सोचते गुज़रेगी

सोच समझ के ही तुम कोई काम को अंजाम दो
क्या कमी रह रही है, जीवन में उसपे तुम ध्यान दो
हर कमी को दूर करना हमारे ही हाथ में है लगभग
बुद्धिमानों से बहस करो और जिज्ञासु को ही ज्ञान दो
मूर्ख लोगों को कितना समय दोगे, सोच लो क्योंकि ये
दीमक भाँति तुम्हारे बुद्धि कुतरेगी, अफसोस होगा और
रात सोचते गुज़रेगी

67. फ़ैसला कर लीजिए

आज ही सफलता के पीछे है जाना

या फिर सफलता को दूर है भगाना

सब हाथ है तुम्हारे, तुम कदम आगे तो बढ़ाओ

जीवन का अर्थ ही है आगे बढ़ते जाना

आज कष्ट उठा लो, तो कल मौज कीजिए

आपको क्या करना है?

फ़ैसला कर लीजिए

एक राह जाती है सही दिशा की ओर

ठीक उसी से जुड़ी दूसरी राह गलत की ओर

जो भी राह चलना है, तुम्हें खुद ही चुनना है

एक ले जाती है सफलता, तो दूसरी विफलता की ओर

सही राह में कष्ट है पहले, गलत राह में मज़ा लीजिए,

लेकिन परिणाम दोनों के विपरित है, क्या चुनना है?

फ़ैसला कर लीजिए

संगत का भी असर बहुत होता है जीने के ढंग में

बहुत भारी अन्तर है, संतों के संग और मूर्खों के संग में

अच्छे लोगों का आचरण और मेल उचित है

वर्ना देर नहीं लगती घुलने में, एक रंग से दूजे रंग में

संगत पर अपने आप ध्यान दीजिये,

किसका संग सार्थक है, साधु का या मूर्ख का?

फ़ैसला कर लीजिए

68. दूर की दोस्ती

बढ़ेगी उम्र तो ज़िम्मेदारियाँ भी आयेंगी

ऐसे में दोस्तों से मिलना-जुलना कम होगा

दूरियाँ थोड़ी लाजमी है ज़िम्मेदारी के कारण

पर इससे हमारी दोस्ती थोड़े न कम होगा

दूर होकर भी अपनी, बाते रहेगी चलती

और निभाएंगे हम न मिलके भी

दूर की दोस्ती

दूर रहकर भी याद करना अच्छा तो है

पास होकर गले लगाना ज्यादा अच्छा है

दुनियाँ में एक ये ऐसा रिश्ता है

जो बहुत ही प्यारा और सच्चा है

जिसके न हो दोस्त तो उसको है अहमियत पता चलती

इसलिए दूर ही सही लेकिन है तो मेरी तुझसे

दूर की दोस्ती

हालात जीवन में ऐसे भी आते है

जब दोस्त से हम सालों साल नहीं मिल पाते

है कभी काम, कभी नौकरी,कभी पढ़ाई के उलझन में

हम साथ ना पाकर दोस्त का अकेले पड़ जाते है

और दोस्त की याद है दिन-रात खलती

काश तू जल्द मिले गले और दूर हो ये

दूर की दोस्ती

69. बेड़ियाँ तोड़ दो

जीवन में आगे है अगर बढ़ना तुम्हें
तो आज से ही पड़ेगा परिश्रम करना तुम्हें
पहाड़ बाद में तोड़ लेना
पहले सुबह से पड़ेगा शुरुआत करना तुम्हें
आलस्य को त्यागो तुम और ये बिस्तर छोड़ दो
ये जो तुम्हें बांधे हुयी है ये
बेड़ियाँ तोड़ दो
जो लोग कर्म से है कतराते
वो लोग सफलता कहां है पाते?
बिना कष्ट से डरे, जो हर मुश्किल से लड़े
वही लोग दुनिया में है, बड़ा नाम कमाते
बंजर भूमि है अगर तो मेहनत से कोड़ दो
और हरियाली के लिए तुम अपनी
बेड़ियाँ तोड़ दो
लगातार चलो सफलता की तलाश में
इक न इक दिन तो पा ही लोगे
कुछ हाथ नहीं आएगा तुम्हारे
जो यूँही निठल्ले बैठे रहोगे
अच्छे विचार रखो, बुरे विचारों को छोड़ दो
और सफलता के आड़े आए सभी
बेड़ियाँ तोड़ दो

70. गुमशुदा है कौन मुझमें

जो मैं कह नहीं पाता मुँह से, उसे लिख देता हूं
अच्छा है जो कलम से स्याही निकल जाती है
मेरा मन अक्सर बहुत कुछ कहता है
जुबान फिर भी सामने तेरे फिसल जाती है
कहने को तो क्या कहूँ, क्या अच्छा-बुरा है मुझमें
मैं नहीं बता पाता
गुमशुदा है कौन मुझमें
खुश हूं जितना तुझसे, ऐ ज़माने!
उतना ही तुझसे नाराज हूं
सुन सकता है तो सुन ले आ के
इक दबी-घुटी आवाज़ हूं
दर्द छुपा मिलेगा तुझे उसमें
जब तू तलाशेगा
गुमशुदा है कौन मुझमें
कभी इस ज़माने की भीड़ में
ख़ुद की आवाज़ दब जाती है
कभी शर्म-ओ-हया के नाम पर
नज़रे झुक जाती है
बढ़ना है आगे अगर इस ज़माने में
तो ढूंढना ही होगा
गुमशुदा है कौन मुझमें

71. बदल देना है मुझको

कुछ आदतें है मेरे अन्दर की ही
जिसने मुझे बहुत रुलाया है
मेरे संग मेरे से जुड़े हर शख़्स को भी
मेरे कुछ आदतों ने दिल दुखाया है
आज से ही इन आदतों से, पीछा छुड़ाना है मुझको
बुरी आदतों को कदमों से मसल देना है, और ये आदतें
बदल देना है मुझको
अपने वक़्त में जो कुछ भी नाकामियां है
शायद इसकी वजह मेरे अन्दर की ही कुछ कमियां है
जो भी है इनपे गौर करना है मुझे
और मिटाना है जो कुछ भी मेरे अन्दर खामियाँ है
इस साल मेहनत का स्तर और ऊँचा करना है मुझको
कड़ी परिश्रम को आलस के स्थान से
बदल देना है मुझको
अपने अन्दर के गुणों के संग
औरों के भी काम आऊंगा
जितना अच्छा पहले था
उससे अधिक अच्छा इस साल और बन के दिखाऊंगा
बीते साल से सबकुछ सीख के और परिपक्व बनाऊँगा खुदको,
और अपने बुरे समय को अच्छे समय में
बदल देना है मुझको

72. वो जिनसे हम मिल ना सके

ऐसे अनगिनत लोग है जिनसे हमारी मुलाकात न हुयी

कुछ की वजह रही तो कुछ बेवजह रही

पर इन सबके बावजूद होते है कुछ लोग

जिनसे मिलके सदा उनकी याद बनी रही

बहुत कुछ कहना था मगर हम उनसे कुछ कह न सके

वो जिनसे हम मिल ना सके

स्कूल में अँग्रेजी के अध्यापक थे मेरे

स्कूल पास करके मैं कॉलेज पहुंच गया

सोचा था उनसे फिर मिलूंगा,मगर

वो शख़्स अचानक, इस दुनिया से गुजर गया

लगता है ख़ुदा भी उनके बिना रह न सके

वो जिनसे हम मिल ना सके

झिलमिलाती यादों में मुलाकात होती है

ऐसे अच्छे लोगों से अक्सर ख्वाबों में बात होती है

ख़ुदा ने मुलाकात न करवायी दुबारा किस्मत थी

इंसा दूर होते है मगर यादें साथ होती है

जिस क्यारी को देख मन में ख्वाब बुना

वो फूल कभी जो खिल न सके,ऐसे ही थे

वो जिनसे हम मिल ना सके

73. बीते साल में

बहुत वक़्त बर्बाद किया
तो वक़्त ने भी बर्बाद किया
वक़्त का कुछ बिगड़ा नहीं
पर वक़्त ने बहुत कुछ बिगाड़ दिया
लाके खड़ा कर दिया मुझे बुरे हाल में
बीते साल में

ज्यादा अच्छा न गुजरा, मगर
कुछ सिखा कर ही गुजरा
पर हाल कहां है बदला
बस साल ही तो है गुजरा
फंसा पाया बहुत मैं खुदको जंजाल में
बीते साल में

जो भी कमी थी
मुझमें ही कहीं थी
जो कमी बची थी
पूरी कहां हुयी थी
उलझा रहा कमियों के सवाल में
बीते साल में

74. तुम बहुत याद आओगे

ऐ मेरे बुरे वक़्त! शुक्रिया तेरा भी
वैसे तो हर किसी के किस्मत में तुम आओगे
पर मुझे ये भी पता है
कि आके बहुत कुछ सिखा जाओगे
हर अच्छे वक़्त को जब हम पाएंगे
तुम बहुत याद आओगे
ऐ दोस्त! फ़ितरत ही है तेरी इतनी अच्छी
तुम तो सबसे कुछ ही पल में जुड़ जाओगे
सब को अपना साथ देकर
उनकों खुश रखोगे संग तुम भी मुस्कराओगे
पर जब दूर होगे कभी हमसे
तुम बहुत याद आओगे
ऐ निर्जीव वस्तु! तेरा भी शुक्रिया
तुम बिन जीवन कहां सम्भव हो पाता
सबकी जरूरत को पूरा किया व संग मनोरंजन किया
तुम बिन तो घर-समाज का निर्माण न हो पाता
सब को शुक्रिया जो तुमने साथ इतना दिया
तुम कहां भुलाए जाओगे
तुम बहुत याद आओगे

75. वादा है ख़ुद से

मैं वादों पर शुरू से ही ऐतबार नहीं करता
हाँ पर कोशिशें भरमार हूं मैं करता
और वादा अगर किसी से कर भी
दूँ कभी निभाने की कोशिश भी लगातार हूं मैं करता
खुदको और मेहनत से जोड़ूँगा
आलस से नाता मैं तोड़ूँगा
और कोशिशें पूरी करने की सदा इरादा है ख़ुद से
बढ़ते जाना है नहीं रुकना है ये
वादा है ख़ुद से

76. मेरा गाँव, शहर नहीं होना चाहिए

मेरा गाँव, शहर नहीं होना चाहिए
हवा ज़हर नहीं होना चाहिए
बेवक़्त हमें नहीं सोना चाहिए
कोयल की कूँक, मिट्टी की खुशबू
हरियाली को संजोना चाहिए
गाँव, शहर नहीं होना चाहिए
मेरा गाँव, शहर नहीं होना चाहिए
पैदल चलकर लंबे रस्ते
पहिये का न खिलौना चाहिए
खुली जगह ये खेत प्रिय है
मुझे छोटा-सा नहीं कोना चाहिए
गाँव, शहर नहीं होना चाहिए
मेरा गाँव, शहर नहीं होना चाहिए
किसी आया की गोद नहीं
बच्चे को माँ की गोद में रोना चाहिए
गाँव को नजराने वाले
तुझे बुढ़िया का जादू-टोना चाहिए?
मुझे याद है मेरे बचपन के दिन
मुझे वही याद सलोना चाहिए
गाँव, शहर नहीं होना चाहिए।

77. मन की भावना

मन की भावनाओं को ज़ता रहा हूँ

लो आज मैं तुमको बता रहा हूँ

मुझे कभी ये दिल्ली पसंद ही नहीं आयी

मजबूरन इसे अपना रहा हूँ

बड़ी दूर है गाँव मेरा-बड़ी दूर है गाँव मेरा

उसे याद कर जिए जा रहा हूँ

उम्मीद है इक दिन मजबूरी मिटेगी

तेरे मेरे बीच की ये दूरी मिटेगी

ये शहर में हवा नहीं ज़हर लेता हूँ

साफ़ पानी को भी डर-डर के पीता हूँ

कोई नशे का ऐब नहीं ये झूठ कैसे कहूँ

कलम हाथ लिए दिल-ए-हाल लिख देता हूँ

कहने को तो मेरे दोस्त बेहिसाब है

पर तन्हाई में साथ मेरे, कलम और किताब है

वो गाँव की बात सुनना पसंद करते है

जो बने फिरते शहर के नवाब है

अगर मैं तुम्हारे शहर को ज़हर कहूँ

तो गलत ही क्या है

क्या इस शहर में सच कहना भी

कोई गुनाह है?

मैं उस गाँव की तरफ मुड़ जाऊँगा

काट दोगे पंख मेरे? ये तन त्याग के उड़ जाऊँगा

ये दिल्ली मुझे पसंद ही नहीं बार-बार मैं ये बार-बार दोहराऊँगा

मैं उस गाँव की तरफ मुड़ जाऊँगा!

78. देर लगती है मगर

ख्वाहिशों का अंत न होगा कभी
भले ही इंसा खतम हो जाए
खुशियों के पीछे संसार है भागता
कभी खुशियां भी घर पे आए
जीवन और उम्मीद दोनों साथी है
जो चलते है संग एक डगर
मिल ही जाता है जो मिलना होता है
देर लगती है मगर

सफ़र कठिन, मंजिल मजेदार होता है
और राह की मुश्किलें भी आसां लगें
ग़र जो यार साथ होता है
मुश्किलातों से भरी राहें है मानता हूं, मगर
घनघोर बादलों के बाद ही बरसात होता है
हालात जैसी भी हो, कर उसमें बसर
बदलते है हालात सब के तेरे भी बदलेंगे, हाँ
देर लगती है मगर

इंतज़ार करने का अंदाज़ बदल दो
क्यों उदास बैठे हो?
ये आदत तुम आज बदल दो
सब्र एक वरदान है समझ लो
अपने कुछ रस्मों-रिवाज़ बदल दो
सीख गये जो ये तुम अगर
तो बदल जाएगा तुम्हारा हसर
ये अंदाज़ अचानक नहीं आयेगा, इसमें देर लगती है मगर

79. नए सिरे से शुरू करें

कोई अमर नहीं इस दुनिया में
हर किसी को इक दिन जाना है
कितने भी महल खड़े कर लो
पल भर का यहाँ ठिकाना है
जो टूट गए जो रूठ गए तो
क्यों बार-बार उससे दिल को रुबरू करें
आओ भूले बीते कल को और एक
नए सिरे से शुरू करें
वो झोपड़ी थी बहुत ही प्यारी
जिसको बनाने में जीवन बीता
किसी ने उसमें आग लगा दी
जल गई उसमें कुरआन संग गीता
अरे जो बची है वो भी गंवाए क्यों
क्यों बेवजह उस आग में आबरू धरें
फिर निर्माण करेंगे चलो!
नए सिरे से शुरू करें
जब बिखरता है आसियां
संग इन्सां भी बिखरता है
टूट जाता है इंसान अंदर से
जब कोई प्रियजन बिछड़ता है
जो होना है सो होना है
फिर आखिर क्यों मैं डरूँ अरे
बिखरे तिनके जोड़े, आओ
नए सिरे से शुरू करें

80. दूर-दूर तक

सफ़र का मज़ा तब आएगा

जब मंजिल करीब ना होगा

चल दिये और पा लिए मंजिल को

हर किसी का ऐसा नसीब ना होगा

जिसको मंजिल का ही मजा और सफ़र से है बचना

वो इंसा जाएगा तलाश में मंजिल के घूर-घूर थक

पर नज़र नहीं आएगा मंजिल

दूर-दूर तक

चलो ठहरे दो पल बातें करें

वक़्त की दौड़ में शामिल होकर

और ठहर कर गौर करें

आगे बढ़े हम क्या-क्या खोकर

लगता है मेरी आवाज़ में दम नहीं है

तभी तो नहीं पहुंची आवाज़ मेरी हुजूर तक

जबकि गूँज रही है मेरी आवाज़

दूर-दूर तक

दिन-रात एक करके है सफलता मिल पाता

जिसने ये समझ लिया, वो है ये फल खाता

जो सिर्फ फल की उम्मीद रखे और ना करे मेहनत

उसको कुछ नहीं मिलता, वो खाली हाथ है रह जाता

खाए आम जो बोये आम

तू बबूल का स्वाद जरूर-जरूर चख

और बबूल का स्वाद मीठा कहां?

दूर-दूर तक

81. सोचिए भी समझिए भी

वक़्त ऐसा आ गया है हुजूर
के ज़रा देखभाल के चलिए
राह-ए-मंजिल में फिसलन है बहुत
ज़रा धीरे चलिए, मत फिसलिए
मंजिल पर नजरे गड़ाए आगे बढ़िए
ज़रूरत पड़ने पर ठहरिए भी
कुछ भी करने से पहले ज़रा
सोचिए भी समझिए भी
इंसा गलतियों का पुतला है ये सब जानते है
गलती करे सभी पर सब अपनी गलती कहां मानते है
चाहते नहीं स्वीकर करना अपनी एक भी गलती
और मौका पाकर दूजे पर उसका इल्ज़ाम डालते है
इंसा की नजरे सीढ़ी है
आप चढ़िए भी उतरिए भी
चढ़ना-उतरना आपके हाथ है, इसलिए
सोचिए भी समझिए भी
ज़िंदगी के दिन चार है, लड़िए नहीं
सबसे खुलकर हँस-बोल लीजिए
जुबान से कुछ निकालने से पहले
बुद्धि के तराजू पर तोल लीजिए
इस जीवन के उतार-चढ़ाव में
आप गिरिए भी सम्भलिए भी
किसी काम की शुरुआत से पहले
सोचिए भी समझिए भी

82. देखा देखी

खुद की नज़र है न, तो देख उससे
दूसरों के नजरिए से सब मत देख
मन में उलझन है तो सुलझा खुद
सब खर-पतवार को उखाड़ फेंक
बात कहूँगा सच तो शायद
लगेगी तुझको तीखी
कहीं का नहीं रहेगा जो की तूने
देखा देखी
वो करोड़पति है तो क्या
तू गरीब होकर भी क्या कम है
बात दौलत की नहीं है ये
सब मन के तोल-मोल का ग़म है
तूने अब तलक पैसों की कीमत
गलत-सलत ही सीखी
नहीं है अच्छा यार ये
देखा देखी
अपनी प्रतिभा को तू
किसी से कम मत आंक
तू क्या है ये जानने के लिए
पहले अपने गिरेबां में झाँक
मीठी लगेगी खुद के घर की चाय
तो दूसरे की खीर लगेगी फींकी
ख़ुद पर यकीन रख और बंद कर
देखा देखी

83. पलक झपकते

इश्क में तुम अपने हद को जान लेना
फिर अपने होश को सम्भाल लेना
मोहब्बत और हवस में फ़र्क़ है
गुज़ारिश है तुमसे ये फ़र्क़ पहचान लेना
सम्भाल लो खुदको जो खुदको पाओ बहकते
वर्ना भूल हो जाएगी तुमसे कोई
पलक झपकते
अपना काम करना बिना फल के चाह के
वही सार्थक इस जहां में कहलाता है
लोभ लालच के चक्कर में फंस के इंसा
कोई लक्ष्य तक नहीं पहुंच पाता है
लोभियों के अंत में आँसू है टपकते
और ढेर हो जाती है माया की दीवार
पलक झपकते
सोचता कुछ इंसान, हो कुछ जाता है
कहाँ होता है वो, जो इंसान चाहता है
आदमी के हिसाब से नहीं है वक़्त की चाल
वक़्त के इशारे पर इंसान चलता है
चलो वक़्त के साथ नहीं तो रहोगे भटकते
और विकास से पतन हो जाएगा तुम्हारा
पलक झपकते

84. झरोखा खुल जाता है

अंधेरे कमरे में सर्दी है बहुत
अलाह जलाये बैठे है
आलस-सा है और इक उदासी है
मन ही मन में ऐंठे है
एक सुनहरी धूप है लायी संग रंग
ये मानो जल में रंग घुल जाता है
और सुकून के लिए मन में
एक झरोखा खुल जाता है
जब भी कमी महसूस हुयी तेरी
तुम सामने मुस्कराई
मैंने भी ग़म में साथ दिया तेरा
तू भी तो सदा मेरे काम आयी
अब तो दूर है तू कुछ दिन से
कट तेरी याद में दिन कुल जाता है
और उन्हीं यादों में
एक झरोखा खुल जाता है
जब निराशा का एक बोझ मेरे सर पे था
तब अंदर से ही मुझे एक सुकून मिला
वो आवाज़ मेरे अन्दर की ही थी
जिससे मुझे कुछ करने का जुनून मिला
हैसियत से बेमेल हुआ तो क्या
ख़यालों की दुनिया मिल-जुल जाता है
और महका देता है कोई खुशबू, मानो
एक झरोखा खुल जाता है

85. सब्र से काम लो

जो कुछ भी हो रहा है
ये आज अचानक नहीं हुआ
पहले भी होता था
जो भी हुआ सही हुआ
जीवन के बाद मृत्यु है
ये अटल सत्य जान लो
सब्र से काम लो
टूटना होता है मिट्टी के खिलौनों को
बिखर के फिर मिट्टी हो जाना है
खेलों जब तक है वज़ूद
आख़िर साँस के साथ सब खो जाना है
टूटे हुए खिलौनों पर शोक ना करो
तड़पते दिल को तुम थाम लो
सब्र से काम लो
यादें भी तब तलक
सीने में जान है जब तलक
उखड़ती सांसे संग चलेंगी यादें
इस जर्मीं से उस फलक
अब भी क्या दौड़ना, जिंदगी थोड़े न है
अब तो ठहर जाओ, अब तो आराम लो
सब्र से काम लो

86. उर्दू और हिंदी

उर्दू और हिंदी का मेल
मानो दो पटरियां है, जिसपे चलती भावनाओं की रेल!
उर्दू और हिंदी का नाता
जिसको अलग करके लगता
कुछ अधूरा है रह जाता
उर्दू और हिंदी का साथ
जैसे किसी शायर के
लिखे शब्दों में ज़ज्बात
उर्दू और हिंदी का वजूद
मुझसे न पूछो
लिखो, पढ़ो और जानो खुद
उर्दू और हिंदी है कैसी?
एक मेरी माँ है तो
दूजी मौसी हो जैसी!

87. बात

जैसा मेरे दिल में आए वैसे तुझसे बात करूंगा

अच्छा महसूस हुआ तो अच्छा,बुरा महसूस हो तो बुरी बात कहूँगा

अरे पागल तुझे मेरे शब्दों में छुपे भाव अब तक न दिखे

चल ठीक है अब तुझसे औपचारिक रूप से सम्वाद करूंगा

कभी जो लेकिन दिल में दर्द हुआ मेरे

तो तुझसे बयां करने में दिल के हालात डरूंगा

क्यों न डरू आखिर तुझे समझ कहां मेरे भावों की

समझ जाए तो अच्छा है, फिर बेशुमार बात तुझसे दिन-रात करूंगा

तू दोस्त है मेरा! जिगरी यार है तू

तेरे सामने भी क्या सोच-सोच के दिल के ज़ज्बात धरुंगा

88. मिसाल

तारीफ़ के जो क़ाबिल है वो इक दिन
बन ही जाते है दुनिया के लिए मिसाल
ये तो शोहरत की बस शुरुआत है मेरे दोस्त
बस कदम ज़मीं तक ही रख और खुदको सम्भाल
साथ रहूँ न रहूँ, दुआ तो रहेगी हमेशा
राह-ए - मंजिल में तू बेशक करेगा कमाल
मुझे पता है तू मेहनती है इसलिए हूं कह रहा
कामयाबी तेरे कदम चूमेगी इक दिन, हर हाल

89. मेरा परिचय

मोहब्बत में डूबे हुए हो दिखते तुम
इश्क़ भरी शायरी के किताब हो लिखते तुम
आंखें खोल कर ज़रा ज़माने पर भी नज़र डालो
बिकती है किताबें ही या फिर इस बाजार में हो बिकते तुम?
लगता है इश्क़ में डूबे हो किसी हसीं दिलरुबा के
शब्दों में छिपे भाव की अच्छी परख हो रखते तुम
हैं तुम्हें यकीन नहीं तो मत करो यकीं मेरी बातों पर
ख़ुद क्यों नहीं दुनिया को चुपके से हो परखते तुम?
कलम से शोर करते हो कितना क्या बतलाये "सूरज"
लोगों के सामने कहने से क्यों इतना हो ठिठकते तुम?
तेरे अंदर की गहराई को तेरे लिखे शब्दों में लोग पढ़ते है
सामने हो कोई तो क्यों नहीं ये बातें हो कहते तुम?
वैसे तो सब्र और इन्तेज़ार का तुम्हें सलीका अच्छे से आता है
मगर महबूब के बाहों में क्यों जाते हो बहकते तुम?
बड़ी शांत-सी है छवि तुम्हारी, ऐसा लोग कहते है
मगर उलझनों की दुनिया है मन में, जहां न कभी हो ठहरते तुम
जिंदगी बड़ी तकलीफों से भरी है तेरी भी
फिर भी किसी हाल में नहीं हो बिखरते तुम
लाख खूबसूरत, हसीं, जवां मिले कहीं भी डगर में
कुछ भी हो जाए मगर नहीं हो फिसलते तुम
बहलाए दुनिया झूठ कहके तुम्हें लालच देके
तो भी किसी सूरत में नहीं हो बहलते तुम
महफिल में जहां कद्रदां न हो मालूम तुम्हें
वहाँ से जितनी जल्दी हो भाग निकलते तुम

90. कविताओं का निर्माण

करता हूँ निर्माण कविताओं का
दिन, दोपहर, सुबह और शाम
ये देते है सुकून मेरे दिल को
और देते मेरे मन को आराम
हैं करते प्रदान शीतलता आँखों को
और देते अवसर करने को विश्राम
हैं चिंता से भरा जीवन सारा
ये भेंट कराते थोड़ा-सा विराम
परेशानियों की भाग-दौड़ है ज़िंदगी
ये तकलीफों पर लगाती है लगाम
देखा जाए तो अक्सर खाली वक़्त में लिखते है
पर इतना सरल भी नहीं ये काम
कविता के नाम पर कुछ लोग कुछ भी लिखते है
और करते हम जैसों को बदनाम
प्रेरणास्रोत कोई एक नहीं ये संसार है
पर शब्दों के भाव में छुपा तेरा नाम
ये कविताएँ लिखना मेरा शौक नहीं
हैं मेरी तन्हाई के शब्दों का आवाम
कविता का सृजन, सृजन नहीं पूजा है
चुराए, उठाए, चिपकाए, हैं कवि नहीं, है वो हराम
लिखने की लिए बहुत कुछ है फ़िलहाल इतना ही
यूँही कविताएं लिखते रहना, पढ़ते रहना, प्रणाम!

91. दंगे का असर

दंगे की आग का असर
जिसमें जला सिर्फ गरीब का घर
हिंदू-मुस्लिम का तो नहीं खबर
पर इंसानियत इसमें फिरे दरबदर
हज़ारों की भीड़ इस कदर
अफ़रा-तफ़री का भयानक मंजर
अफवाहों का शोर गांव-शहर
इस में कई दबे कुचले और गए मर
अशांति का माहौल दर-दर
स्थिति भी है प्रतिकूल और जर्जर
सरकार बैठी आराम कुर्सी पर
आश्वासन सब को मात्र देकर
सुकून का न एहसास पल भर
कहाँ बचाए जान जाकर
क्या बताये किस कदर
राजनीति ने छोड़ी न कोई कसर
अनुरोध है मेरा इधर करिए नजर
किसी भी जाति या धर्म के नाम पर
इंसानियत के रिश्ते के अंदर
ये कड़वाहट का ना घोलें ज़हर
ना हिंदू होने पर
ना मुस्लमान होने पर
काम ऐसे कर
कि गर्व हो इंसान होने पर

92. यही लम्हा है

आँखों को जिसका कभी इंतजार होता है
जरूरी नहीं कि हर बार वो प्यार होता है
कभी आँखें किसी के बस साथ को तरसती है
दर्द चाहे प्यार का हो या यार का, बेशुमार होता है
भीड़ में फेंका था ऊपर वाले ने नीचे
फिर भी पाया खुदको अकेले, यही हर बार होता है
तन्हा रहने वाले को अपनी खुद की ख़बर नही
बावजूद इसके जाने कैसे वो खबरदार होता है
धोखा देता कोई एक है किसी को
फिर तो ज़माने पर भी कहाँ ऐतबार होता है
ज़माने में तन्हा रहना भी अच्छा है कभी-कभी
दिल-ए-राज भी आजकल अखबार होता है
रिश्तों में बातें खत्म हुयी या बातों में रिश्ते मिटने लगे
कई कारणों से आजकल संबंध तार-तार होता है
लड़ते है, टूटते है और हमेशा के लिए रूठते है
आजकल बिखरा हुआ-सा सबका घर-बार होता है
इस उम्मीद में मत काटो ये जिंदगी कि वक़्त बहुत है
क्योंकि एक पल में ख़त्म वज़ूद-ए-संसार होता है
जब तलक साथ हो बिता लो हर एक लम्हा
मौत के बाद फिर कहाँ दीदार होता है

93. स्त्री

मात्र "स्त्री" शब्द का व्याख्यान
अति कठिन है, कहाँ है आसान?
जन्म का आधार, भरण का आधार
गर्भ में रख कर दिया पोषण प्रमाण
स्त्री से है हमारा मान
सभी करो उसका सम्मान
त्याग की भावना है उत्तम
यही बनाए इसको सबसे महान
समाज में इसका हो रहा अपमान
कहाँ पुरुष वर्ग का अधिक है ध्यान?
आदर का भाव मन में रखो सब
इसके बिना है अधूरा सारा ज्ञान

94. बदलता स्वाभाव

कर्कश, बुरा और कसैला लगता हूँ
जब-जब मैं ईमान से सच्चा हो जाता हूँ
बदलता है किरदार मेरा मीठे झूठ कहके
तब-तब मैं सीधा-सादा अच्छा हो जाता हूँ
मौका आता है जब सीखने का कुछ तुमसे
तब-तब मैं अपरिपक्व और कच्चा हो जाता हूँ
दहलीज में पांव रखूं और सामने माँ को पाऊँ
तब-तब मैं एक छोटा-सा बच्चा हो जाता हूँ

95. मंजिल का सफ़र

मंजिल तो कर रही है इंतजार ठंडी-ठंडी छांव में
हमने खुद बेड़ियाँ डाली है अपने हाथों से पांव में
इस धूप की गर्मी में जलने का मजा है
मरहम नहीं अब चोट करते है हम अपने घाव में
कल तलक कुछ दोस्त रखते थे कंधों पर
आज खुद हटाता हूं पत्थर पड़े हर पड़ाव में
शहर की घुटन से जब भी जी घुटता था
तो सुकून के पल के लिए जाता था गांव में
अब बिसर गए है वो गलियाँ हमको यारों
जिए जा रहे हम अकेले उसके इक अलगाव में

96. अब तो थम जा

अब तो थम जा
अब तो रुक जा
अब तो साँस ले
जो कर गुजरे हो अब तलक
एक बार पीछे मुड़कर
उसका एहसास ले
सही गलत क्या था
अच्छा बुरा क्या था
सही थे भी वो पल
जो काटे बीते कल
एक बार सोच विचार ले
एक बार पीछे मुड़कर
उसका एहसास ले
आज जो हम पा रहे है
या कल जो भी करने जा रहे है
बीते दिन से क्या वो अलग है
जिसको सोचकर हम घबरा रहे है
गलत के साथ बहुत चले
अब एक अच्छे का हाथ थाम ले
एक बार पीछे मुड़कर
उसका एहसास ले
एक बार पीछे मुड़कर
उसका एहसास ले...

97. हिन्दी की बिंदी

हिन्दी की बिंदी भारत को करती सुशोभित
परदेश में भी सुनकर मन हो जाता है मोहित
हिन्दी ही मन को है भाती, दिल लुभाती
और जन-जन को करती है हर्षित
मात्र भाषा नहीं मातृभाषा है ये
सदियों से ही इसने सम्मान किया है अर्जित
आज के दौर में जो हाल इस भाषा का है
मेरे चेहरे के भाव पढ़िए, हाँ! निराशा का है
आशा परंतु फिर भी कभी टूटती नहीं है
क्योंकि ये भाषा कितने ही भारतीयों के अभिलाषा का है
आओ सब मिलके इस भाषा को अपनाए
जितना हो सके इसका गुण गाएं
हर किसी को नाज़ हो हिंदी बोलने पर
इसलिए अब से हिंदी बोलने से न घबराएँ
हिन्दी के इस भाषा का कितना सरल अर्थ है
इसे लिखने, पढ़ने, बोलने में सब समर्थ है
हिन्दी है भारत की भाषा इसको सम्भालो
वर्ना लाख किताबें पढ़ना, विदेश भ्रमण करना व्यर्थ है

98. किसपे अकडू मैं?

ये जो है मेरी सुन्दर काया
ये भी है इक तेरी माया
मिट जाएगी वक्त के साथ
बोलो, किसपे अकडू मैं?
ये जो है मेरे महंगे वस्त्र
जब जाऊंगा मात्र कफ़न ओढ़ कर
न ले जाऊंगा साथ ऊपर
तो बोलो, किसपे अकडू मैं?
ये जो है मेरा आलीशान घर
जिसे बनाया बड़े जतन कर
न ले जाऊंगा श्मसान के भीतर
तो बोलो, किसपे अकडू मैं?
कमाया था जो बहुत-सा धन
मेहनत करके जीवन भर
न ले जाऊंगा साथ, मरकर
तो बोलो, किसपे अकडू मैं?
ये जो मेरी मोटर-कार
कीमत भले ही हो लाख-हजार
जब होऊंगा चार कंधों पर सवार
यहीं धरी रह जाएगी बेकार
तो बोलो, किसपे अकडू मैं?
ये जो है मेरे यार-रिश्तेदार
माँ-बाप, संगिनी, प्यार, परिवार
इन्हें छोड़ चलना होगा मृत्युद्वार

तो बोलो, किसपे अकड़ू मैं
ये जो है मेरा मेरा रुतबा-शोहरत
ऊंचा पद और इतनी इज्जत
बुद्धि के बदौलत मेरी बरकत
पर आखिरी सांस के साथ मिट जाएगी किस्मत
तो बोलो यार, किसपे अकड़ू मैं?
न कपडे,न गाड़ी,न महल और डेरे
न रुतबा, न प्यार,न दौलत के ढेरें
मरने के बाद कुछ भी तो न साथ होगा
जो कर्म किये है वही चलेंगे
मरने के बाद में मेरे
तो हाँ, इसपे अकड़ू मैं?

99. उदास दिल

उदास दिल से क्यूँ किसी को याद करना
कर याद किसी को क्यूँ दिल उदास करना
उम्मीद करना तो बहुत अच्छा है ऐ दोस्त
समुंदर औ आसमाँ में सीमित कर क्यूँ किसी को याद करना
ये यादें बहुत गहरी है जिसको बयां शब्द ना कर पाएंगे
आंख मूंदिए याद करिए सामने उनको पाएंगे
इस जहां से दूर शायद वो गए होंगे कहीं
आपके ज़हन से भला उनको कौन मिटाएंगे...!

100. तो क्या किया जाए?

जिसे फूल समझ गले से लगाया कभी

वही फूल ग़र शूल हो जाए, तो क्या किया जाए?

जो जिंदगी की सबसे सही पसंद थी कभी

वही जिंदगी की सबसे बड़ी भूल हो जाए तो, तो क्या किया जाए?

बुरी यादों को भुलाने के लिए जिसे अपनाया कभी

वही सभी ग़मों की मूल हो जाए, तो क्या किया जाए?

जिस तन्हाई को कल तक टालता रहा

वही जिंदगी का आज से उसूल हो जाए, तो क्या किया जाए?

जिसे अपना राजदार, हमसफ़र माना कभी

वही ग़र आज नामाकूल हो जाए, तो क्या किया जाए?

जो जिंदगी के लिए सबसे अहम था कभी

वही आज मेरे लिए फिजूल हो जाए, तो क्या किया जाए?

जो परिस्थितियाँ कल तक जँचती नहीं थी

वही आज अचानक अनुकूल हो जाए, तो क्या किया जाए?

जो शर्तें कल तक हमें मंजूर न थी हरगिज

आज वो सारी शर्तें कबूल हो जाए, तो क्या किया जाए?

जिसे सोने का ताज समझ, सिर से लगाया कभी

वही कल को पैरों की धूल हो जाए, तो क्या किया जाए?

101. समझ

तुझे मेरे आंखों की नमी दिख भी जाती

जो तू मेरे आंखों से आंख मिलाती

फिर सोचता हूं इक गैर से क्यूँ आंखें दो-चार करोगी

इसलिए हर हालात में रहती सदा तू मुस्कराती

ग़र कभी तेरे चेहरे पर कोई शिकन दिख भी जाता

मैं पूछता तुमसे तो तुम "कुछ नहीं हुआ" बताती

समझ सकता हूँ आखिर मैं वो नहीं हूं

जिसके कंधे पर सर रखके अपना "दिल-ए-हाल" सुनाती

मैं तेरे इश्क़ में कितना तड़पता हूं तुझे खबर ना होगी

काश एक बार मेरा दर्द तुम भी समझ पाती

102. आओ हम बिछड़ जाए

वो दिन बीत गए
जब हम साथ बैठे मुस्कुराएं
खत्म हुयी वो बाते
जिसमें खुशियां बैठे थे छुपाये
अब नहीं मुमकिन
के इक दूजे को हम मनाए
नहीं रहे वो लम्हें
जो हमने साथ बिताए
मिट गयी सारी यादें
जो साथ हमने बनाए
रिश्ता तोड़े मिलके आज, जैसे मिले थे...
आओ हम बिछड़ जाए

103. रिश्तों का ख्याल

रिश्तों को निभाओ मगर
कुछ चीजों का रखो खयाल
जिस रिश्ते को तुम निभाते हो
आखिर क्या है उसमें तुम्हारा हाल
अगर स्थिति तुम्हारी ठीक नहीं
तो वक़्त रहते लो तुम संभाल
इससे पहले को हाल-बेहाल
छोड़ दो ये सारा जंजाल
गरिमा तुम्हारी है, सम्मान ही सबकुछ है
है पड़ा ये जीवन तुम्हारे समक्ष विशाल
ठुकराओ झूठे रिश्ते, बंधन को तुम तोड़ो
नए जीवन में रंग जाओ बन जाओ खुशहाल

104. नसीब

नसीब पर जोर, मेरे दोस्त कब किसका चला है
खुशनसीब है वो शख्स जिसे तेरी मोहब्बत मिला है
अगर तेरी वो हुयी नहीं ये उसकी बदनसीबी हुयी
तेरे दिल में सदा तो उसके यादों का काफ़िला है
देखा जाए तो तू दर्द सह रहा है
पर हकीकत में तू एक तरफा प्यार कर रहा है
वो शख्स किसी से जुड़ कर अलग हो गया तुझसे
मगर तू फिर भी उसका इन्तजार कर रहा है
सच्ची मोहब्बत है तेरी मेरे दोस्त इसलिए
तू आजतक उसके लिए मर रहा है!

105. हमें अंदाजा नहीं था

इस कदर जो शाम को रात से मिलते देखा
तुम्हारे कल से जो आज को बदलते देखा
कैसे तुम इतनी जल्दी बदल गए
के तुम तब भी मुस्कुराए, जब हमें रोते देखा
हमें अंदाजा नहीं था

तुम तो वो वादों के पुलिंदे बांधे फिरते थे
कसमों के सड़कों पर मुझे घुमाया करते थे
बड़े नाजुक थे सारे पुलिंदे, सड़के भी टूट गई
हमसे जुड़ के तुम सिर्फ अपनी मंजिल पाना चाहते थे
हमें अंदाजा नहीं था

हर तकलीफ हरेगा तेरा,रब से हर पल दुआएं मांगेगा
तुझको खुश यूँ देख, ये आशिक तुझपे खुशियां वारेगा
था जीतने का तुझको शौक बहुत, इसलिए था मैं हार गया
हारे हुए को अकेला छोड़ तू यूँही जिंदा मारेगा
हमें अंदाजा नहीं था

106. तन्हाई ने करवट ली है

जिंदगी में जब भी अकेला हुआ
तब भी मैं कभी अकेला ना हुआ
उस अकेलेपन में भी तेरे यादों ने साथ दी है
तन्हाई ने करवट ली है
बैठा अकेला जब खुदको सबसे दूर पाया
जब कोई भी कभी मुझसे मिलने नहीं आया
तभी तेरे यादों ने मेरे दिल के दरवाजे पे दस्तक की है
तन्हाई ने करवट ली है
कभी जो ग़म-ए-अंधेरों में डूब गया
जब दुनियां का हर शख्स मुझसे ऊब गया
तो तेरे यादों ने ही, दिल में की गुदगुदी है
तन्हाई ने करवट ली है

107. वफ़ादार दोस्त

किसी का वफ़ादार होना, कितना अच्छा लगता है न
जब तलक के वो तुमसे हो, तो अच्छा ही लगेगा
वही वफा ग़र उसके जरूरत के लिए तुमसे हो
तो ये सच जान कर, तुम्हारा कितना दिल दुखेगा
ऐसे मौकापरस्त लोग अक्सर, ज्यादा ही मिलते है हमें
आँखें खोल के देखो ज़रा, आस-पास वो जरूर दिखेगा
ये लोग झूठी बोली और झूठा नक़ाब लगाए रहते हैं
अपने मन में स्वार्थ छुपाये तुमसे हँस बोल बतियाएगा
तुम्हारे सामने उसकी शिकायत कर खिल्ली उड़ाएगा
उसके सामने भी लेकिन तुम्हारा खूब मज़ाक बनाएगा
ऐसे लोगों से संबंध तो रखना मात्र एक मजबूरी है
साथ में सावधान भी रहना बहुत ही ज्यादा जरूरी है
ऐसे दोस्त का क्या पता कब दुश्मन बन जाएगा
आज गले लग रहा है तो, कल पीठ में छुरा घुसाएगा!

108. यादें और साथ

अधजली आग में जो हाथ तुम लगाते हो
शायद खाक में मिले कुछ यादों को; दुबारा पाना चाहते हो
ग़र हसीन यादें है तो जल जाओ; उस आग में खुशी-खुशी
बुरी यादों के पीछे, क्यों बेवजह जलते हो
चलो! यादों को जलने दो और हो जाने दो राख
क्यों बार-बार फिर हाथों से, राख को मसलते हो
क्या खुश नहीं हो तुम अपने आज से
नहीं हो तो क्यों नहीं तुम, इस दलदल से निकलते हो
कल के डरावने सपने का, असर यूँ हुआ है तुमपे
किआज तलक रात-भर, करवटें तुम बदलते हो
जीना है तो आज में जियो, जो है तुम्हारे सामने
क्यों कल के पत्थरों से, चोट खाकर भी नहीं संभलते हो?

109. समझ नहीं पाते है

चेहरे पर जब भी मेरे, मुस्कान नहीं पाते है
गैर तो गैर अपने भी मुझे, घमंडी बताते है
दर्द दिल का सुनने न बैठे कोई
ख़ुद अपनी भड़ास निकाल के, मुझपे इल्ज़ाम लगाते है
उनसे अलग नहीं हूं मैं भी, हालात लगभग एक से है
व्यस्त तो वो भी रहते है, पर मुझे ही व्यस्त बताते है
हक है उनका मुझसे लड़ने का, कुछ भी कहने का
इसलिए बिना सोचे कुछ भी कह बोल जाते है
हक तो दिल में झांकने का भी है, फिर
क्यों नहीं झांकते दिल में और मुझे समझ नहीं पाते है
वे परेशान है अपनी जिंदगी से तो कौन खुश है यहाँ
ये हकीक़त से मुह मोड़ना चाहते है
ख़ुद ही सह रहे सारे ग़म है और
उनके आगे सबके ग़म कम है, ये जताना चाहते है
साथ चाहता हूं जिंदगी में सबका, तन्हा तो जाना ही है
कुछ लोग लड़ना-झगड़ना और अकेला रहना चाहते है
और मैं खुल के जीना चाहता हूं जिंदगी, सभी के संग
और कुछ लोग हर दिन अकेले घुट कर मरना चाहते है

110. कुछ याद भी है?

तुम संग थे जब तलक फूल खिले रहते थे
तुम्हारे जाने के बाद से, ये बगिया बर्बाद ही है
तुम आकर देखों यहां ज़रा,ऐ रूठे माली!
छोड़ जाने से तेरे, गुलिस्तां आबाद भी है?
तुम क्या वही हो या कोई और हो?
कुछ याद भी है?
बदलना वक़्त की मांग हो सकती है
पर ऐसा भी क्या बदलना के तुम, तुम न रहो
बेजुबान थोड़े ना हो तुम कोई
क्या हुआ है यार ऐसे गुम न रहो
हमारे बीच खामोशी क्यों आखिर?
हमारे बीच रिश्ता है और कई संवाद भी है
सच बताओ बीती बातें
कुछ याद भी है?
तुम्हारे इस अंदर से बदलने का असर बाहर दिखता है
खुश होने का नाटक करते हो ग़म साफ़ दिखता है
रिश्ते में अगर दिल का सौदा मैंने तुमसे किया है
तो क्या खबर तुम्हारे बाजार में ये किस मोल बिकता है
हमारे टूटे रिश्ते का मेरे सिवा कोई फ़साद भी है?
तुम इल्ज़ाम ही दो पर सच बताओ
कुछ याद भी है?

111. इस भीड़ में

हूँ अकेला मैं, इस भीड़ में
है शोर बहुत, इस भीड़ में
सुनाई नहीं देती वो आवाज़, इस भीड़ में
जिसे सुनना चाहता हूँ मैं, इस भीड़ में
ख़ुश है सभी, इस भीड़ में
इक मैं ही नहीं, इस भीड़ में
कोई नहीं साथ मेरे, इस भीड़ में
तन्हाइयां है पास मेरे, इस भीड़ में
कोई नहीं सुने मेरी आवाज़, इस भीड़ में
है नहीं फुर्सत किसी को, इस भीड़ में
नजरें उठा के देखता हूँ जब मैं, इस भीड़ में
मिलता नहीं वो शख़्स मुझे, इस भीड़ में
मिलते है कई लोग मुझे, इस भीड़ में
इक तू ही नहीं मिलती मुझे, इस भीड़ में
कर रहा हूँ इंतजार तेरा, इस भीड़ में
नहीं मिल रहा है प्यार मेरा, इस भीड़ में
शायद खो गया है यार मेरा, इस भीड़ में
फिर बीत गया इक साल मेरा, इस भीड़ में
अकेले कर रहा इंतज़ार तेरा मैं, इस भीड़ में
इस भीड़ में!

112. जुस्तजू थी तेरे चाहत की

इक जुस्तजू थी तेरे चाहत की

अब तो चाहत न रही चाहत की

कुछ कहना था तुझसे उस रात मुझे

वो बात न थी तेरे किफ़ायत की

कहते है वो याद नहीं करते उन्हें

ऐसा हो नहीं सकता, ये काम नहीं मेरे हिम्मत की

उन्हें दिन-रात याद करना बेशक

हकीकत है मेरे आदत की

आज तलक दिल में दबाये है उस दर्द को

दर्द छुपाना तो आदत है इस दिल-ए-विरासत की

तुझे चाहना तो इक बहाना है

ये तो मेरा तरीका है इबादत की

तुझे मैं चाहूं, तुझे कोई और भी तू भी मुझे चाहे,

शायद ये बात नहीं शराफत की

जिस दिन शायद तू मिले मुझे; ख़ुदा न करे,

वो दिन न ठहरेगा यूँ वो तो दिन होगा क़यामत की

कसम है तेरे चाहत की, और शायद मेरे मोहब्बत की।

113. किस ध्यान में डूबे रहते हो

सामने हूं तुम्हारे देखों ज़रा
तुम शायद कहीं और गुम हो
मैं कुछ कह रहा हूँ तुमसे, जवाब दो!
आखिर क्यों गुमसुम हो?
मन के अंदर ही दुनिया बसायें हो लगता है
क्या-क्या उसमें मंसूबे बुनते हो
बात क्या है बताओ ना, किस ध्यान में डूबे रहते हो
मुझसे ज़ाहिर करो दिल-ए-हाल अपना
मैं कोई गैर नहीं, हूँ तुम्हारा अपना
बीते अतीत में जो भी गलत हुआ
भूल जाओ मान के जैसे कोई बुरा सपना
तुम्हारा भी वज़ूद है अपना ये मत भूलो
क्यों आखिर अजूबे लगते हो?
समझ में नहीं आता यार, किस ध्यान में डूबे रहते हो
कोई छोड़ गया है क्या
तुम्हें कर तन्हा अकेला?
या दिल तोड़ गया है, आखिर
किसने तुम्हें इन अंधेरों में धकेला?
उजाले की दुनिया है, बाहर देखो
क्यों अंधेर खयाल में डूबे रहते हो
जो नहीं निकलती कभी मन से वो क्या है? किस ध्यान में डूबे
रहते हो

114. बदलाव

क्या कलम में दम कम पड़ गया?

या सूरज की आग मद्धम पड़ गया?

हौंसले बाहों में नहीं इरादों में होते है

क्या तेरा हौंसला भी अब कम पड़ गया?

बेख़ौफ़ थे, जब तलक हम बच्चे थे

जवानी में ये कौन-सा ख़ौफ़ घर कर गया

हक़ीक़त में जो हम खुश थे अब तलक

वही खुशियों का रंग अब फीका पड़ गया

दोस्ती का रस, प्यार का रंग और साथ की चाहत

अब तो लगता है कि हर रिश्ता ही बिखर गया

कल तक खूब हसीं की बात होती थी

ग़मों का साथ लिए अब जीना पड़ गया

मेरी कश्ती रोज टकराती है लहरों से

समुंदर तो कोई तैर कर पार कर गया

मेरे घर के बाहर एक भिखारी आता था

आज गली से गुजरते हुए वो मेरी झोली भर गया

न जाने कितना खर्चा किया खुद पे, पर रंग न निखरा

तुम जिंदगी में क्या आए मैं निखर गया

कल तलक राह के कंकर चुनता खुश था

मोतियों की रौनक आँखों में आके गड़ गया

अनजान था तो कल्याण था

गलती किया जो चार किताबें पढ़ गया

पेड़ से चुराए थे कितने आम बचपन में

बाजार से लाया था आम, कल रात देखा सड़ गया

दौड़ना बचपन से ही अच्छा लगता था दोस्तों के साथ
ये कहाँ आकर कदमों संग मैं ठहर गया
जमीं पर पाँव थे तो सुकून था मन में
न जाने कौन-सी सफलता की सीढ़ी पे चढ़ गया
मैं मातम कर आया उसकी मय्यत पर जाकर
और मन ही मन कहा "खुशनसीब था सूरज,जो मर गया"

115. खाली

रोज-रोज मरा करता हूँ
इक रोज सदा मरने के लिए
दिल खोल हँसा करता हूँ
ग़म का प्याला भरने के लिए
महफ़िल में रमा करता हूँ
खुदको तन्हा करने के लिए
हर रोज सफर करता हूँ
इक रोज बस ठहरने के लिए
मैं खुदको समेटे फिरता हूँ
किसी कल को बिखरने के लिए
कितनों की नजरों से गिरता हूँ
खुद की नजरों में चढ़ने के लिए
किस्मत को उजाड़े रखता हूँ
इक रोज के संवरने के लिए
ग़म-ए-हालात जो लिखता हूँ
अपना नाम यहाँ गढ़ने के लिए
तेरा नाम भी शामिल करता हूँ
बार-बार तुझे पढ़ने के लिए

116. इश्क की राय

पहली राय ये कि दिल न लगाओ
पर कहाँ किस्मत किसी की जो यूँही निखर जाए
पर इस कदर भी न जुड़ों
कि बिछड़ के दोनों बिखर जाए
इतनी भी मोहब्बत न करो
कि आदतें ही बिगड़ जाए
दिल को आखिरी ठिकाना न बनाओ
कि निकलते ही सोचना पड़े, किधर जाएं?
बनाओ उतनी ही यादें दोनों संग में
कि बिछड़ते ही कुछ दिनों में बिसर जाए
हादसों के इतना करीब रहा करो
कि फर्क़ ही न पड़े जब गुजर जाए
दिल तुड़वाने का हौंसला रखना सदा
काम आएगा जब कोई वादा करके मुकर जाए
और, करना वफा उस बेवफ़ा से इतना
कि तू ही तू याद आये, वो जिधर जाए।

117. तेरा ढंग

तेरे जिस्म पर मेरी कभी नजर न ठहरी

जो कभी देखा होता तो बताता तेरा रंग क्या है

आँखों में ही डूबा रहा मैं तो पूरी तरह

उससे बाहर निकल पाता तो जान पाता कि अंग क्या है

तुम तोलती हो मेरी रंगत से, सूरत से मुझको

जो थोड़ा-सा भी हक होता तो पूछता 'ये ढंग क्या है?'

मेरी खुशियाँ तो तुझे मुस्कुराते देखने में है

इक इसके सिवा मेरे लिए दूजा उमंग क्या है

तेरे होठों से अपना बस नाम ही सुन झूम उठता हूँ

मेरे दिल की हिलोरों की थरथराती तरंग क्या है

ये हौंसला नहीं कि तुझसे दिल-ए-हाल कहूँ

भला दिल का मुझसे, इससे बड़ी जंग क्या है?

तू समझ न पाए मुझे, मैं समझ न पाऊँ तुझे

ये इश्क का सफर इससे और तंग क्या है?

तू ही नहीं मेरी, मैं ही नहीं तेरा

इकतरफ़ा मोहब्बत में आखिर संग क्या है?

118. हालत मेरी

ग़म-ए-अंधेरों में डूबकर उजालों को देखते रहे
कभी यूँही अनसुलझे हुए सवालों को देखते रहे
हकीकत क्या थी, फ़साना था क्या
समझने के लिए तुम्हारे ख़यालों को देखते रहे
मिटाना खुदको बहुत आसान लगता है
ज़िन्दा रहने के खाली हवालों को देखते रहे
सुलझा सकता था बहुत आसानी से मगर
तकलीफ पहुंचाती हर एक जंजालों को देखते रहे
महफ़िल खत्म हुयी, सब जा चुके, तब आया
हम तो खाली सिमटते हुए पंडालों को देखते रहे
नसीब में मेरे मय की इक बूंद नहीं थी शायद
खाली टूटे-बिखरे हुए प्यालों को देखते रहे
हैरानी होती है तेरे बिखर कर टूटने पर "सूरज"
कभी तुझको तो कभी तेरे घरवालों को देखते रहे

119. इश्क़-हवस

इश्क़-हवस बंधे अब इक तार है
क्या यही नयी सदी का उपहार है?
दिल को टटोलकर अब नहीं देखते
बस बदन से बदन को बेकरार है
एकरूह होने की है किसे आरज़ू?
हमबिस्तर होने का बस इंतजार है
ग़म-खुशी का तालमेल किसे भाँता है?
तन का सुख मिल जाए तो किसे इंकार है?
प्यार का सहारा लेकर उतारते है कपड़े
आज का आशिक देखो कितना होशियार है
वो दुपट्टे को हटाकर नुमाईश करते हैं
इज़्ज़त बचाती वो चुनरी दागदार है
सीरत बनी है बदनसीब यहाँ अब तो
सूरत का नसीब वाह! क्या चमकदार है
सच्चा इश्क़ करने वाले रह जाते है अकेले
शरीर पाने वाले यहाँ सफल सब फनकार है
बचे-कुचे सच्ची मोहब्बत करने वाले यहाँ
धोखा खा रहें,ये जिसके नहीं हकदार है
चूमों होंठ, आलिंगन करो, एक हो जाओ
रूहानियत की सारे अब फलसफे बेकार है
इश्क का इल्म नहीं अब तलक इन्हें "सूरज"
जिस्म-ओ-बिस्तर तक ही सीमित अब संसार है

120. दर्द

मेरे दर्द को ना बाँटो सब के साथ में
मैं खुश हूँ बस अपने इस हालात में
करो जाके मरहम ज़माने के घाव पर
वक़्त न करो ज़ाया मेरे ज़ज्बात में
बचा लिया तुमने आँधियों से मुझको
भीतर भीगा मगर अश्क के बरसात में
जाओ सो जाओ चैन की नींद में तुम
मेरी तरह मत जागे रहो आधी रात में
हसीं इन डालियों से ढेरों तुम फूल चुनो
ना लो दिलचस्पी इस पतझड़ के पात में
सुखन है "सूरज" तेरे ग़ज़ल को पढ़के
दर्द मिलेगा लेकिन तुझसे मुलाकात में

121. नाकामी

हर एक नाकामियों के मुझको दिन गिनाती जा
तू भी ज़माने की तरह मेरा दिल दुखाती जा
कब लौटा है मायूस कोई मेरे दर से भला
मय्यत ही सही मुलाकात तो है, तू मुस्कराती जा
क्या हुआ जो फिर पाया तुझको बेवफ़ा मैंने
बेहयायी भरी मुझसे नजरें मिलाती जा
उबर रहा हूँ ग़मों से फिर एक बार मैं
तू ज़ख्म देने के लिए जहन में याद आती जा

122. डगमगाते कदम

अब क्या कहूँ तुमसे कि क्या-क्या बदल गया है
मेरी महबूब का दिल किसी और पे मचल गया है
आरज़ू यही थी कि उसकी सब आरज़ू हो पूरी
जाने क्यों उसे खुश देख आज दिल जल गया है
थी बेरंग वो मेरे संग शायद सफर-ए-मोहब्बत में
गैर का साथ पा के उसका दिल बहल गया है
मैंने उससे कभी वादे नहीं पर हाँ इरादे किए थे
वो क्यों मगर वादों से आज पीछे टल गया है
थी जो रौनक सूरत पर उसके साथ होने से
चेहरे का सूरज डूबा और शाम ढल गया है
ये क्या इश्क-ए-मोड़ है "सूरज" तू ही बता
उसके कदम डगमगाये और तू सम्भल गया है

123. गज़ल मशहूर

मेरे प्यार को किसी और से प्यार हो गया
हाँ वो भी बेवफ़ा यार हो गया
अब मोहब्बत पर यकीन कैसे करू मैं?
जो था मुझमे वो ऐतबार खो गया
न चाहता था जिक्र करू तेरी बेवफ़ाई का
गज़ल मशहूर मेरी सो अखबार हो गया
इंतजार में है लोग कि मैं उनसे मिलू
तू ज़हर का बीज़ मुझमे बेकार बो गया
क्या हालत तेरे बाद मेरी आ के देख ज़रा
काफ़ी नहीं है कि ये संसार रो गया
इतनी रात को "सूरज" क्यों गज़ल लिख रहा
देख ये सारा जहां, घर-बार सो गया

124. ठोकरें

खाकर ठोकरें बहुत जिंदगी आसान हुई
रूठ के मंज़िलें भी हमपे मेहरबान हुई
लो भूलने लगा ये सारा जहां मुझको
क्या बात नयी जो तू भी अंजान हुई
अमीरी ने मिलाया था हमें तुमसे कभी
गरीबी से तुम्हारी मगर पहचान हुई
कभी कुछ था मुझमे जो अब तो नहीं
तेरी ही तरह वो भी मेहमान हुई
हासिल नहीं तुझे कुछ भी "सूरज"
फिर किस बात की ये मुस्कान हुयी?

125. दिल उदास

दिल उदास कर कुछ लिखना चाहूँ
पर तुझे देख के मैं फिर मुस्काऊँ
हौंसला नहीं मुझमे फिर से टूटने का
बार-बार दिल लगाऊँ, चोट फिर खाऊँ?
जिस गली से गुजर कर गज़ल लिखा था
क्या उस गली से फिर गुजर आऊँ?
कलम हाथ लिए वक़्त करूँ बर्बाद
किस तरह ज़माने से नज़र मिलाऊँ?
अब वो बात नहीं जो शायर कहो मुझे
अब महफिल के नाम पर घबराऊँ - शर्माऊँ
कुछ वजह तो दो मुझे गुनगुनाने का
न बोल है, न साज, क्या आखिर गाऊँ?
अब गज़ल लिख न पाउंगा मैं
मैं माँग ज़माने से और हुनर लाऊँ
कोई और मशवरा हो तो दो "सूरज"
मत कहो कि इश्क़ फ़िर से कर जाऊँ

126. चंद चुनिन्दा शेर

थी जो प्यार मेरा, उसको उसका प्यार न मिला
मेरे कंधे पर सिर रख के उसका मुझसे किया गिला
उसके आँसू भी पोंछे और रोया दिल ही दिल
लुटा भी नहीं, बसा भी नहीं दिल का काफ़िला

तुझे पा न सका, हम मिल न पाए
जो हम चाहते थे वो गुल खिल न पाए
इस ज़माने को ही अब चाहूँगा अपना महबूब बना
शायद इसी में कहीं तू मुझे हासिल हो जाए

तुम्हारा साथ जो हासिल हुआ है जब से
दिल-ओ-जान की भी जरूरत नहीं तब से
तुम्हारी साँसों से जुड़े और तुम में रहे जिंदा
यही आलम है, दो जिस्म एक जान हुए जब से

ग़ालिब ने जब दर्द की इन्तहा को दवा कहा
हमने भी ख़ुदा को मौजूद हवा कहा
नजर नहीं आते मगर होते है मौजूद
हमने हर चोट को सीने से लगा हमनवा कहा

खिलखिलाहट की कमी है मेरे घर में
सन्नाटे का शोर भी बहुत है
कुछ लोग रहते है मेरे घर में
हम जैसे मगर अकेले और भी बहुत है

कुछ बुझा-बुझा सा है
नहीं-नहीं, अब कहाँ पहले-सा है
देखो, दफन है अंदर ये लेकिन
दफन इसके भीतर भी दबा-दबा सा है

जहाँ हो नाउम्मीदगी और अविश्वास का पटल
वहाँ नहीं उगती ख़ुशी और प्यार की फसल

कुछ बन गए तो नाम हुआ,
न बन पाये तो बदनाम हुआ
क्या फर्क़ पड़ा यहाँ किसी को कि किसका सूरज डूबा?
सब के लिए तो बस शाम हुआ...

बुलंदियों के रास्ते में अकेले ही चलना होगा
किसी और के लिए नहीं खुद के लिए संभलना होगा
तुमसे आगे निकलते है वो तो निकल जाने दो
तुम्हें अपनी बीते कल से आगे निकलना होगा।

जब डूबे हो इश्क़ में तो क्यों इससे निकलना है
राह-ए-मंजिल मुश्किल है मगर, हमें साथ-साथ चलना है...

ये हवायें इसलिए भी खुशगवार-सी लगी
शायद छूकर तुझे गुजरी होगी
गुजर जो गई मेरे तन को लगकर
शायद गले लगने तेरे घर को निकली होगी!

जिस्म से जिस्म बाद में मिला
तेरे रूह से पहले मिल, मेरी रूह आयी

मेरे बिस्तर से तेरी खुशबू आयी होगी कभी
पहले मेरे अन्दर से तेरी खुशबू आयी...!

दूर के सफ़र अक्सर कठिनाइयों से भरे होते है
हारते है हौंसला अक्सर वही जो राहों से डरे होते है
सफ़र के हर पड़ाव का मज़ा लेना चाहिए
मंज़िल और रास्ते एक दूसरे से अक्सर परे होते है

लेखक मैं परिपक्व नहीं हूं
प्रौढ़ मेरी कलम है, मगर
लिखना क्या है, क्या नहीं, ये मायने नहीं रखता
दिल से लिखना है, ये खबर है, मगर
अच्छा लिखने लगा हूं या बुरा, नहीं पता
जो भी है, हालातों का असर है, मगर!

तू है और कोई नहीं तो भी दुनिया पूरी मेरी
तू ही नहीं और जहां हो हासिल, फिर भी दुनिया अधूरी मेरी

लगने के लिए अच्छा
क्या-क्या नहीं यहाँ है
इक तू ही नहीं तो
फिर ख़ाक ये जहाँ है

किसी से जुड़के, जो तुमसे कभी मिलने को टाला है
आखिरी साँस तक, मिलने के जज़्बात को सम्भाला है!